죽도록 그리우면 기차를 타라

-어머니, 간이역에 서 있네-

죽도록 그리우면 기차를 타라

초판인쇄 | 2014년 11월 10일 **지은이** | 박해수 **펴낸이** | 김영태 **펴낸곳** | 도서출판 한비CO
출판등록 | 2006년 1월 4일 제 25100-2006-1호 **주소** | 700-442 대구시 중구 남산2동 938-8번지 미래빌딩 3층 301호
전화 | 053)252-0155 **팩스** | 053)252-0156 **홈페이지** | http://hanbimh.co.kr **이메일** | kskhb9933@hanmail.net **후원** | 월간 한비문학

ISBN 978-89-93214-85-7
값 15,000원

죽도록 그리우면 기차를 타라

박해수 지음

어머니,
간이역에 서 있네

도서출판 한비CO

죽도록 그리우면 기차를 타라

어머니, 간이역에 서 있네

열차는 우리 삶의 역사이자 추억이고 고향이다. 우리 민족의 정서에 고향으로 새겨져 있는 열차는 아직 교통이 발달되기 전, 명절 고향이나, 휴가철이 동시에는 없어서는 안 될 이동 수단이었기 때문이다.

열차를 타려고 역으로 나가면 고향에서 밭을 매는 것과 같이 호르라기를 불고 열차와 철로를 망치로 두드리면서 점검하면서 땀방울을 흘리던 역무원을 만나고, 건널목에서 깃발을 흔들며 떠나가는 열차의 뒤에서 경례를 부치던 경건하기까지 하던 건널목 간수를 만나는 것이 추억이 되어 우리 고향의 모습으로 고스란히 가슴에 안기게 된 것이다.

세계 어느 나라든 교통의 동맥인 열차는 이동 수단뿐만 아니라 많은 시간이 지나면서 기억과 체취를 가지고 있다.

어머니, 아버지 손에 이끌려 간이역에 서면 전봇대 집들은 뒤로 지나가고 앞으로 자나가고 삶이 지나 가듯 '인생은 두 정차장속의 승객'이 듯이 삶과 죽음이 간이역에 서 있다.

간이역 저녁에 어머니, 아버지 나만 서 있네, 이제 일흔을 바라보는 나이에 간이역은 없어지고 옛 추억과 낭만은 가슴속에 남아 속절없이 맴도네.

삶이 그립고 외롭고 슬프면 기차를 타라 간이역에 나의 살던 고향이 있고 청운의 꿈이 있고, 애틋한 편지, 시가 걸려 있다.

외로운 깃발처럼 소리 없는 아우성, 아우성으로 펄럭이고 이제는 다시 돌아가자. 본시환원 本始還遠 그 옛날 그 고향으로 다시 돌아가자.

간이역 희망과 그리움 추억과 낭만, 회억, 추회 追悔 ,슬픔, 외로움 어머니가 서있는 그 고향 마을 어귀로 다시 돌아가자.

저녁녘 간이역 어머니가 서있네.

코레일, 열정과 땀으로 얼룩진 역무원 기관사님 코레일 전 직원들의 노고가 간이역 어머니가 서있는 곳에서 등불을 밝히고 있네.

그리움, 희망, 꿈, 행복 , 추억처럼 낭만으로 외로움으로 눈물이 나면 고향길 삽작문을 밝히는 대문처럼 희망, 이상의 아우라로 희망의 등불처럼 켜져 어둠을 밝히고 서 있네.

간이역, 저녁녘 자식을 기다리는 어머니, 어머니가 서 있네.

이번 시집이 있기까지 역무원, 코레일 전 직원 기관사님, 돌아가신 어머니, 아버지 한비문학 발행인 김영태 시인에게 따뜻한 고마움을 이 시집으로 대신 하지요…

사랑과 고마움, 따뜻함으로 가는 간이역 저녁녘 어머니가 서 있는 애절한 간절한 마음을 건네며 희망, 이상 사랑, 꿈, 믿음, 열정, 외로움의 아우라, 먼 길 , 시의 길 그리움, 슬픔 희망을 을 주우러 가는 사람처럼…

지난 한 해 동안 한비문학에 연재 되었던 글을 묶었다.
처음 연재 할 때 머리말 편집의 글이다

"간이역은 지나온 우리 삶의 흔적이며, 잊혀 가는 아련한 고향과 같은 것으로 KTX로 대변되는 속도화 시대에 따라 점차 사라지는 간이역이 안타까워 간이역 관련 시만 2000여 편을 쓰고 5권의 시집을 발간하고, 고모역, 화본역, 직지사역, 경산 삼성역을 비롯하여 기차가 정차하지 않는 곳에 간이역 시비 10기를 제막한 박해수 시인이 들려주는 간이역의 이야기를 담은 시를 테마 기획으로 발표한다"

이번 시집 간이역 시집으로 다섯 권 째가 된다.
"죽도록 외로우면 기차를 타라" "죽도록 그리우면 기차를 타라"
"기차 푸르른 네 잎 속으로" "기차가 네 몸속으로 들어갔다"

대구 지하철 1,2호선 시집 "살아 있는 만남"

시집"죽도록 그리우면 기차를 타라"-기차역 어머니가 서 있네"

시집 표지에 어머니가 서 있는 모습, 눈물이 나면, 슬프면 기차를 타야겠다.

어디론가 바람처럼 사라지고 꽃처럼 사라지듯이, 기차를 타고 가며 외로이 기차 의자에 누워 눈물이 나면 슬픈 곡진 曲盡 한 삶의 노래들 이승의 끝이랴 노래, 노래 부르며 시를 부르며 시를 부르며 노래 부르고 싶다.

경춘선

봄이 오면
우리는 맨발이 되어
경춘선을 타고
춘천으로 달린다.

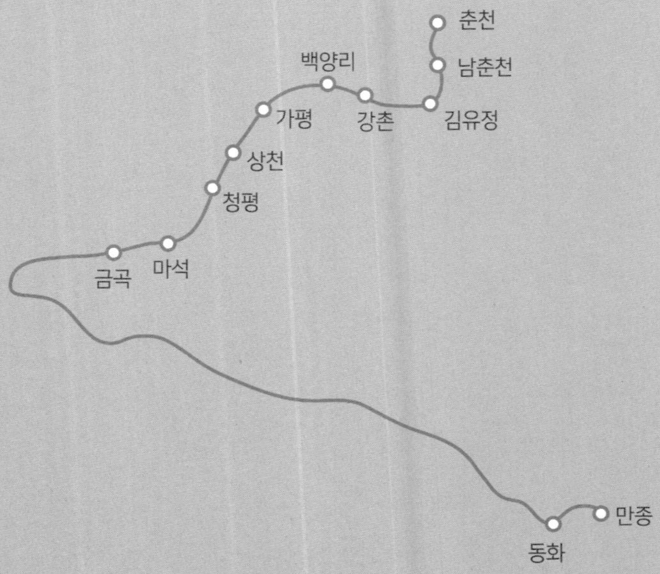

영동선

스위치 백 쉼터에 솟대,

그리움이 살고 아픔이 산다.
죽도록 슬프면
영동선 가는 기차를 타자.

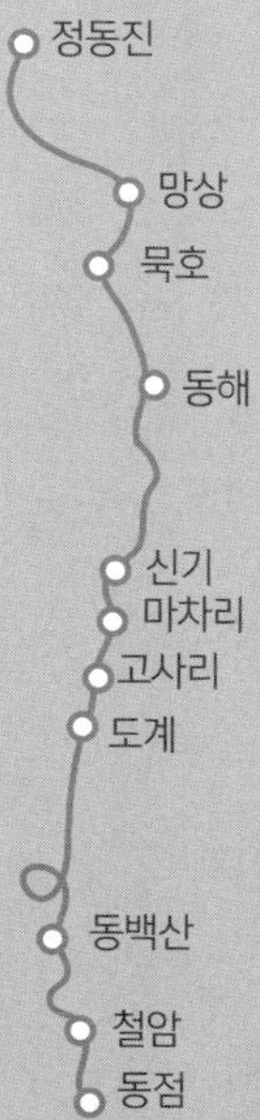

동해남부선

낭만 인생, 낭만 바다 동해

엉, 엉, 엉, 슬픔을 토해내는
한 마리의 검은 짐승이었다.
우르릉 쿵쾅, 우르렁 쿵쾅 세상풍파 잊고
동해남부선 간다.

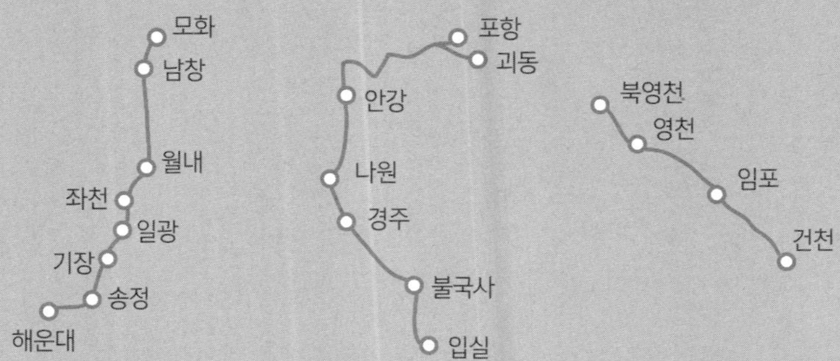

중앙선

서울 청량리역과 경주역을 잇는 철도 노선이다.

산의 속살을 만지며 청산 벽수를 껴안고
중앙선은 푸른 산 푸른 강 푸른 달 푸른 별을 안고 간다

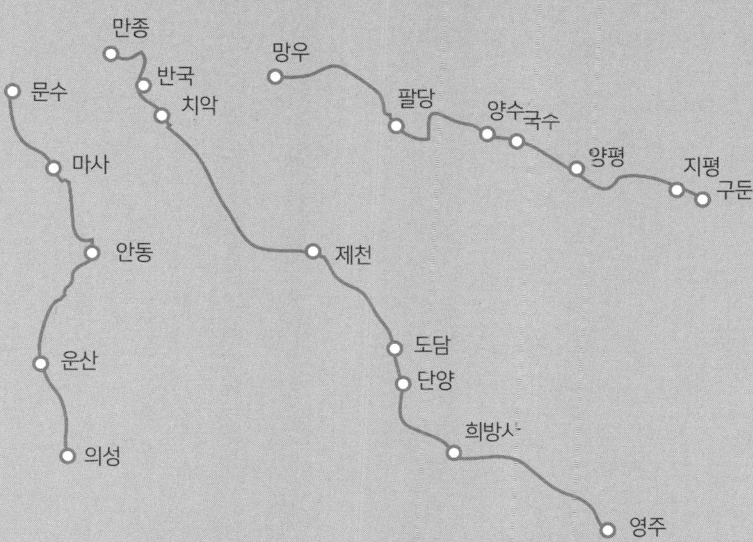

장항선

충남선은 장항선과 연결되어 대한민국 충청남도

바람은 어디서 잠자고 몸 씻고 오는가,
영혼의 이승, 영혼의 세상까지 묵은 때, 묵은 영혼,
묵은 마음, 묵은 죄까지 박, 박, 박 문지르기
별 뜨거운 별까지 장항선으로 내려온다.

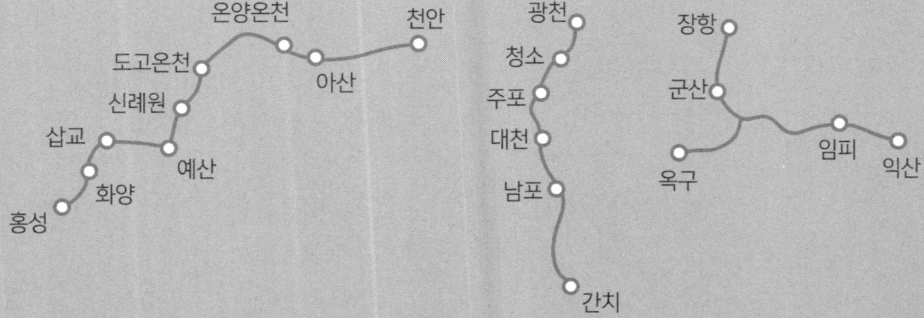

전라선

익산~여수-전라선은 전라북도 익산시의 익산역과 전라남도 여수시의 여수

여수 만성리 해수욕장 등 여수 덕양 간
해변의 아름다움을 볼 수 있는 역들이었는데,
이제 바다 불빛처럼 사라지는 전라선

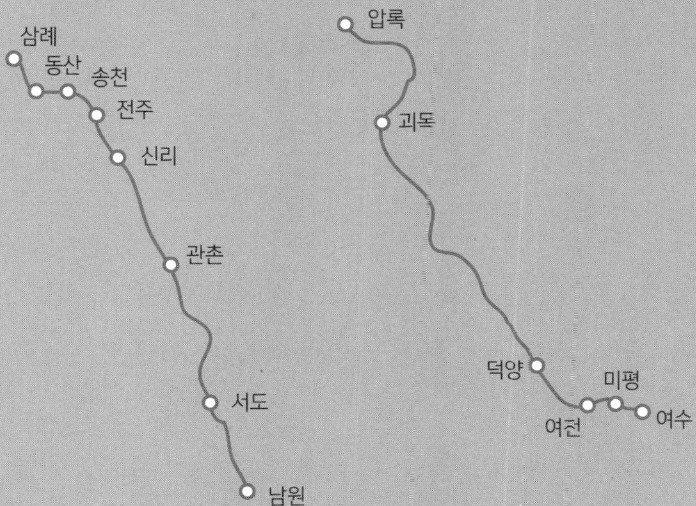

경춘선

봄이 오면 우리는 맨발이 되어 경춘선을 타고 춘천으로 달린다. 아무것도 없어도 많은 것이 있는 듯 춘천으로 가는 길에는 우리의 사랑이 꿈이 희망이 파노라마 되어 스쳐 지나가고 이제는 오랜, 아주 오랜 기억들이 덜거럭거리는 열차의 바퀴를 타고 나를 흔든다. 꿈이 되어 다가오는 춘천, 목마른 그리움이 나를 이끌고 가는 곳 경춘선 그 흔들림에 몸을 싣는다. 마치 나귀 당나귀 고삐를 매고 가듯 경춘선의 어둠은 낭만과 청춘열정의 고뇌로 우리의 가슴을 펄럭이는 영원한 노스탤지어의 손수건 소리 없는 아우성의 깃발 같은 곳 봄을 안고 달리는 경춘선의 젊은 피의 수혈과 낭만이 깊이 흐른다.

아, 경춘선 대학 신입생 졸업생 미팅 야유회, 통기타, 청바지 생맥주 퇸폴리오 세시봉 르네상스 명동 신촌 맨발의 청춘 막걸리 7080 2030 4050 그리운 년대기여 추억이여 낭만이여 생맥주의 거품이여 경춘선 열차가 저녁노을을 거느리고 오네

기차는 8시에 떠나네 봄이 오면 경춘선 맨발 맨몸 우리들 가슴이 타오르는 곳 다시 꿈꾸는 젊음으로 돌아가자 봄으로 다시

봄기차를 타고 가자.

춘천역

봄, 소양강, 어머니 젖빛이다
젖소 젖은 우윳빛이다
흰빛, 어두운 낮
달빛은 달걀노른자다
달걀처럼 타원이다
꾹, 꾹, 눌러 참아왔던
사랑이 터져 나왔다
사랑집, 한 채 향긋하게
향나무 집 한 채 짓고 싶다
시(詩)가 발정(發情)하다
발정(發情)하는 네 굳은 시(詩)는
춘천역, 봄을 껴안고 살다
춘천역, 그리움 산으로,
산빛, 그리움 껴안고 살다

봄 맞으러 경춘선 열차를 탄다.

춘천역, 젖소 젖 우윳빛 안개 당신의 맨발 그 발자국이 그립다.

사랑이 터져 나오면 시가 발정하는 춘천역, 당신의 그리운 발자국 맨발로 터지는 향기 난 어둠과 열정 산 빛을 만나러 춘천역, 아! 전율하는 스물의 추억은 춘천역. 대학 축제에 목마름을 축이던 산 빛 그리움 만나러 간다.

들꽃 길 달빛에 젖어 꽃반지 끼고 아버지, 어머니 모든 것들은 가다 멈추고 분명 다정하고 아련한 목소리가 들린다. 그래 "나"는 "나" 다.

어쩔 수없는 삶의 길 애환의 길에 내닫는다.

그랬다 봄은 경춘선 춘천에서 온다.

떠오르는 봄비, 봄, 약 오른 물꽃들이 연정처럼 핀다.

비 맞은 봄비의 경춘선 열차는

남춘천역

신연교 의암댐, 소양강,
남춘천 시 하늘 안고
남춘천 손에 쥔 것 버리고 간다
비 내리는 남춘천, 경춘가도
사랑의 태아, 적막새가 눈뜨고
적막을 빛내는 사랑이 꿈틀, 꿈틀,
사랑의 갈비뼈 같은 갈대줄기
네 정신의 뼈, 네 사랑의 뼈
그리움 찾아, 남춘천 가다.
연초록 남춘천, 두고 온 사랑,
두고 온 그리움 쌓여서
수화물(手荷物)장에 들려 나가다
새파랗게 얼은 사랑, 수직절벽에
떨어진 버들치, 비오리 쏘가리,
겨울 철새다. 허물 벗은 삶을 찾아
남춘천 가다. 하느님, 남춘천,
눈꽃 싣고 가는 달빛 소나타,
들풀 향내 난다 하느님,
장궤틀에 기도하게 하소서
남춘천, 네 사랑, 네 그리움 자라는
생명의 잉태, 배꼽, 남춘천역,
피와 피 엉긴 남춘천역,
사랑의 원석(原石) 서 있는 곳,
초록 영혼, 뿌리째 서 있는 곳,

경춘선의 종점 비 내리는 남춘천역,

적막새가 눈 뜨는 사랑을 찾으러 간다.

70년대의 어둠이 적막새를 데리고 온다.

비오리, 쏘가리, 새파랗게 얼은 사랑이

함박눈 겨울밤을 너에게 보낸다.

이야기와 아쉬운 세월. 실존에 담그는 시심을 건지러 온다.

초록 영혼, 뿌리째서 있는 남춘천역이다.

소양강 처녀 울고 가는 역일까?

그렇다 그렁 그렁 눈물로 거둬가는 남춘천역 별 쏟아지는 강

매운 사랑 첫사랑은 떠나고, 달빛은 열차에 안겨 스산한 마음을 건드리고 가고, 나는 남춘천역에 적막새로 떠돈다.

김유정역

낡은 경춘선 봄이 쇠 철에 붙었네
낡은 역 구내, 아지랑이까지 끼어들었다
봄 안개 남은 개나리
봄비 껴안은 경춘선
봄 달빛 아리는 동백꽃
감자, 복례, 봄, 봄, 봄,
봄, 뻐꾸기 빛 봄 속에 울고
봄비 속에 울고 비 젖어
비 젖어 가슴 찍힌 봄비
유정(有情)하게 유정(有情)하게
흐르는 춘천 호반, 소양강 댐
소양강 댐 소나무 밭에 소나무밭에
솔숲, 봄밤 기다렸으니
봄바람 속에 옛날도 지나가고
봄 꽃잎도 지나니 봄바람 속
신남 김유정역 갔다 봄 아지랑이
봄 산을 모두 덮었다, 봄 산을 모두 덮었다

의암댐, 산 드룸산 노을 비낀 경춘선'봄, 봄. 동백꽃'의 김유정

유정하게 흐르는 바람을 소양강 댐에 앉았다.

봄비가 춘천호반을 간지른다.

봄비 속에 울고 가는 경춘선은 한바탕 슬픔과 그리움을 토해내고 봄날 황혼의 별이 봄 산을 모두 덮고 있었다.

봄 뻐꾸기 빛 소리 봄빛 속에 울고 젖고 있었다.

실래 마을로 들어가는 김유정역 봄빛이 저물고 있었다.

인간만사 모두 새옹지마 울퉁불퉁한 삶은 산이고 들판이다.

김유정 평생 못 잊을 동백꽃 사랑, 봄 봄,

달빛이 사람을 사랑을 낳으러 달의 숨소리

사람의 숨소리 손에 잡힐 듯 그리운 소설의 공간이다.

강촌역

산까치가 강마을에 살았다
어머니 야윈 젖가슴으로
내린 강촌역,
눈망울 젖은 이슬방울
미루나무가지 끝에
강촌 물빛 보이고
열무김치, 열무 빛,
강촌역에 가리
젖은 흙속에
네 원고지가 흙이 되고
젖은 흙속에 강촌역은 서 있다
저무는 저녁,
숫염소뿔빛이다
숫염소뿔빛이다
강촌역에 사랑 덩굴 풀과
붓꽃, 들풀이 강물처럼
작은 강줄기처럼
시름없이, 시름없이
혼자 내려간다
강촌역은 혼자 서 있다

강촌역 지금은 위락시설과 펜션이 어지러운 곳.

서울 수도권 대학생들의 MT 장소로 유명했던 곳.

낙서와 사랑 젊은이의 배설구. 낙서, 반항과 저항, 고독과 좌절.

기다림과 공허의 암초. 북한강 철길 돌아가는 산허리, 어머니 돌아가신 늙으신 어머니 야윈 젖가슴,

추억은 젖은 흙빛 같은 원고지에 시름없이 혼자 서 있는 붓꽃 들풀 강둑처럼 시름없이 혼자 내려가는 삶처럼, 강촌역은 젖은 흙속에 그리워하는 흙빛 사랑이 살고 있었다. 강심을 알 바 아니다.

애무하듯 얼싸안듯 강촌역은 유장한 삶의 덮개를 강촌역에 속살을 내려놓는다. 속마음인들 타지 않고 갈 수 있으랴.

강촌 마음에 엄마야, 누나야 강변 살자는 노래는 어디로 가고 강촌역 어머니 머리 풀고 서있네

백양리역

더, 더, 더, 흰 백양털, 털갈이 하다.
흰 꽃가루들이 산 엉덩이에 걸리다.
흙과 산에 흩어져 흰 것들로 움직이다
얼음덩어리, 백양 뿔은
그리움의 노을 밖에 섰다.
침엽수 숲에 슬픔 찔리다
오, 쓰러지는 오, 쓰러지는 것들은
구름 따라 가고, 구름 밖으로
오는 기차는 백양 뿔 같다.
백양리역, 기차가 구름 밖으로 따라오다.
백양 떼, 떼 지어 무리 지어 오다.
별똥별 떼 지어 똥 누러 오다.
별똥별 떼 지어 자잘하게 똥 떨어지다.
억새밭머리 흩어진 네 머리카락
날리며 오다. 뜨거워지는 백양 뿔은
밤길 울어 쳐 박다. 그리움은 언제나 온다.

강촌역, 경강역을 끼고 북한강을 안고 곡선의 아름다움을 빨간 지붕은 열정으로 뿜어낸다.

평내역이 평내 호평역이 되었고 상천역이 임시 역사로 옮겨가면서 최후의 그리운 마음은 백양리역 앙상한 나무처럼 만남의 장소와, 난로 맞이방 그 옛날 별똥별 따라 떼 지어 가던 소풍놀이처럼 흰 백양털의 구름이 지상을 내려다보고 있었다.

백양리역 기차가 구름 밖으로 빠져나간다.

살갗 벗겨진 나무들이 웃고 서 있다.

백양 뿔처럼, 울음을 달고 있는 것처럼 추억 예술 낭만도 꿈과 희망과 절망도 슬픈 백양 뿔 저녁 노을빛처럼 그리운 울음을 안고 서 있듯 서 있다.

산과 강 계곡은 모두 어디로 갔나 먼 불빛을 모으면 강촌역을 넘어 갈 수 있을까, 백양리역 백양나무 숲길이 그립다.

경강역

네 검은 몸의 껍질을 벗기다.
어디서 네 몸이 살아왔을까
삶의 슬픔이 하나, 둘
강촌으로 가고 있다.
강의 물결을 따라 가고 있다.
네 살 속을 파고드는
외로움에 눈물 많다.
가지 빛, 외로움에 눈물 쌓이다.
네 눈에 눈빛, 물빛을 더한 서른 해,
호사비오리, 더 깊은 오지(奧地)의 강가에 산다.
망개나무, 입을 비쭉이며
밤에는 어디 가서 외로움과 함께 살까.
아물쇠딱다구리, 입을 다물고 살까.
경강역, 강촌, 춘천의 소양강,
봄빛, 봄 물살이 보인다.
가지 빛으로 저물어 가는 외롬의 저 기차,
돌아가는 저 기차는 별빛을 싣고 가다.
살과 살로 부대끼며 만난 삶을,
저만치 돌아가는 검은머리물떼새,
입부리 긴 새는 기차가 된다.
경강역, 네 검은 몸의 껍질을 벗기며
푸른별, 하늘별, 세고 가다.
하늘별 싣고 떠나다.
입부리 긴 새는 기차가 된다.

1939년 원래는 서천역이었다.

장항선 서천역과 왼편에 북한강을 끼고

경강초당을 안고 있는 역이다.

영화 "편지"의 촬영 장소로 알려진 역 낭만적인 곳이다.

아담하고 예쁜 역, 장항선 서천역명이 있었기에 1955년 경강역으로 문패를 바꿔 단 곳, 강촌과 춘천 하행 가지 빛으로 저물어 가는 불빛을 안고 가는 아름다움을 경강초당의 장승과 연자방아 돌아가는 별빛을 안고 가는 푸른 꿈 입부리 긴 새로 가는 기차 호사비오리 강가에 사는 곳.

일제 강점기 역사의 원형이 삶의 슬픔으로 일어나네. 검은 옷의 껍질을 벗기는 곳.

굴봉산 어둠이 하늘별을 안고 있었다.

반곡역

산과 바다를 반쯤 가슴에
품어온 바다는 곡(哭)을 하며
반곡(半哭)을 하며
무너져 내리는 만상(萬象)을 펼쳐낸다.
돌은 죽어서 무엇이 되는가.
네 허허한 몇 만 번의 삶을 살아 왔는가
마음이 마음을 견디지 못하고
운명이 또 한 번 운명을 이기지 못하고
반곡(半哭),반곡(半哭)을 하며
꿈결처럼 흔들리며 가다.
숨죽여 가는 침묵(沈默)의 나날들이여
저녁검은머리물떼새,
이승의 번뇌를 씻고 가다.
너의 마음도 붙잡아 두고
펼쳐진 시간, 우주 밖으로
산자락, 네 마음 일어서다.
산자락, 네 마음 일어서다.
산자락에 붙어 울던 네 간절한 기도,
두 손을 모으며 가다. 두 손을 모으며 가다
저 붉은 젖가슴에 굿거리장단
바람을 즈려밟고, 바람을 즈려밟고
소리 내어 물길을 열고 가다. 네 마음
네 소리를 열며 반곡역 반곡(半哭)으로
가슴 풀고, 가슴 열고 반곡역 가다.

강원도 원주시 뒷골 2길 851-1941년 일제 강점기에 만들어진 역이다. 근대 문화재 165호 반곡역 치악역 치악산 수리봉, 반곡역은 한국전쟁 당시 격전지였다.

산과 바다를 반쪽 가슴에 품어온 반곡을 하여 무너져 내리는 전쟁의 산자락 가슴 풀고 격전지였던 산자락에 운명과 운명을 이기지 못하는 침묵의 나날들이 도사려 있다.

소리 내어 물길 열고 가는 치악산 반곡역 치악산과 입춘내천 역사문화자원 치악산의 아름다움이 구학역, 반곡역, 치악역, 영화 드라마의 배경 역으로 벚꽃이 필 때의 아름다운 나무 철봉이 원주 반곡역에 걸려 있다.

만종역

산이 깊으니
절, 종소리 깊어지더라
치악산 가는 길
깊어져 저녁 저물고 있더라
풀벌레 소리 깊어져
가슴 풀고 울고 있네
저녁 공양(供養),
달이 훤해, 달빛이 훤해
얼굴 닦고, 들판을 적시는 초록빛
빛의 상처,
억새풀 뒤에 숨었다
철둑길 하얀 수기(手旗).
저녁 만종(晩鐘)이 울었다
달무리, 별무리 속절없이
내리는 잔물결,
등대 시호 풀 뜨던
저녁 새떼의 울음도, 잿마루
타고 넘던 저문 사랑도
저녁 종소리에 묻혀 갔으리니
저 대문 두드리는 작은 종소리
달밤의 나뭇잎처럼 내리고 있더라
삶의 무거운 그림자로 내리고 있더라

천 가지 만 가지의 사연이 종이 되어 우는가.

만종역, 화물 원목 수송을 주로 취급하다 유류 수송으로 바뀌었다.

강원도 원주시 호제면 만종리 시골 길 끝 쪽에 만종역이 서 있다.

들판 뒤로 탱크로리가 서 있고 빛의 상처가 억새 뒤에 숨었다.

철둑 길, 하얀 수기서 원주역, 만종萬鐘역은 달빛, 빛의 상처가 달무리, 별무리로 속절없이 내리는 새떼의 울음소리 만 가지의 종소리가 되었는가.

달밤의 나뭇잎처럼 내리고 있던 삶의 무거운 그림자가 쓸쓸함 속에 묻어있다.

치악산 가는 길 저녁 늦은 종소리가 가슴을 친다.

동화역

문막읍
원주 참 숯가마
숯덩이 불꽃, 진달래 꽃봉우리
산 깊고 물 깊으니
자연이 내 것이라
깊은 밤하늘 허공이
죽음이 아니라 별들.
별 속에 초록사랑
네 육체 속에 동화되는
흠집 많은 사랑을
겨울나무를 지나겨울 숲을 지나
참숯 붉은 영혼을 본다
동화역에 삭발한 네 영혼
붉은 영혼을 만진다
동화역에 네 푸른 발바닥을
만진다 푸른 영혼의 사랑을 만진다

동화역에 핀 들꽃들 안개와 구름 하늘을 덮고 있는 불꽃, 하늘꽃, 하늘말라리 영혼이 스러지는 나뭇가지를 보았다

산자락에 거대한 북처럼 우뚝한 70년의 세월이 쌓여 있었다.

원목이 낡아 침목으로 경계를 나누어 반은 승강장이고 반은 자갈 화차가 다니는 풀밭 세 그루의 노란색과 녹빛 나무 은행나무 색깔이 동화 속의 가을이다.

달마가 서 있는 달마가 동쪽으로 간 까닭은 동화역에 잠시 불꽃 , 하늘말라리 꽃 영혼 숯이 된 검은 영혼을 보았다.

판대역

까막딱다구리 송판때기
쪼아대고 판대역에 서성이는
좀수수치, 수수하지 못하다.
흉터 많은 삶을, 대패로
나무판때기, 대패로
깎아버리고 싶었다.
털발망똥가리 구르듯
불빛 저문 서쪽으로
사람의 마을을 비켜 나갔다.
네 눈에는 왜 눈물이 쌓이지,
꺽저기, 꺽, 꺽, 꺽,
꺽저기로 우는
으슬, 으슬, 추워지는
으슬, 으슬, 살갗이 시려운
판대역, 나무판대기 깔고 누워
판대역, 네 삶이 허, 허, 웃으며
판대역, 네 삶이 허, 허, 웃으며
서성이다. 서성이다.

경기도 양평군 양동면 삼산2리 간현에서 섬강 남한강 삼산천, 삼산천 풍경. 수리봉, 솔안동, 삼거리송림 속, 두릅나무 군락지 문막, 건등산, 명봉산, 덕가산 백운산 사람의 마을을 비켜나가 네 눈에는 왜 눈물이 쌓이는지 낙엽 슬 숲 명상 공원을 지나 판대역 물 색깔을 닮은

단색 백치 연록색 사랑이 물든다.

까막 딱다구리는 어디서 흉터 많은 삶을 깎고 있는가, 털발 밤똥그리 구르는 불빛 저문 서쪽 판대역은 가슴 설레이며 서 있다.

화랑대역

눈보라 휘몰아치는 추운 겨울
그리운 사람 그리운 날,
추위 속에서
멀리, 멀리 기슭으로 슬린다
헤아릴 수 없는 그리움과 상처
무수히, 무수히 밟고 왔다
멀리 끝도 없이 푸르름만 남아
작별을 지우지 않으리라
다시 기다리며 울고 가는
그리움과 기다림의 위치를
말하지 말라, 말 하지 말라
고요한 아득함, 아득함
아늑한 하늘, 이어오는 서러운 사랑
살 듯, 말 듯 지고 있는 가을 들꽃들
가을 풀잎들, 그대 살아 있고
살아 있기에 빠른 계절이 오고
낮과 밤 오고 우리들 허전한 사랑
허술한 삶, 풀벌레 그림자
가을, 외기러기 점찍고 울고 가는
그리움 화랑대역에 서 있다

화랑대역은 육군사관학교의 별칭에서 따온 것이며 서울지하철 6호선에도 화랑대역이 있으나 약 1km가량 떨어져 있는 별개의 역이라고 할 수 있다.

사진애호가들이 즐겨 찾는 운치와 정취가 있는 역이다.

눈보라 치는 추운 겨울. 그리운 사람 그리움이 뭉쳐 있는 화랑대역이다. 춘천행 3번 청량리행 4번이 정차한다.

작별을 지우지 않고 다시 기다리며 허전한 사랑과 그리운, 젊음과 사랑 연인들의 그리움, 가을 외기러기 점찍고 울고 가는 그리움들이 모여 화랑대역에 서 있는 역이다.

그 옛날 신라 때 화랑의 모습으로 다가오는 화랑대역이다.

승강장에 울긋불긋한 야생화들이 즐비하게 서 있는 그리움의 역이다 남자들도 운단다.

금곡역

문고리 활, 활, 타는 가슴으로
달아오르는 됫병 소주, 흩어진 청춘을
금쪽 댓잎 같은 청춘
가랑잎 지는 갈잎 진
가랑잎 진 금쪽같은
이승의 보리밭
오, 옹, 오, 옹, 옹, 옹
오, 옹, 오, 오, 오, 오
가슴 치고 가는 몸 앵두 빛
앵두 빛, 고기떼 몸 이기고
몸 이고 가는 만삭(滿朔)
만삭(滿朔)의 보름달
보름달이 몸 무겁다
만선(滿船), 만선(滿船)
만선(滿船)의 붉은 아픔
아픔의 저 달, 저 달은
수수밭 밭두렁, 논두렁
금싸라기, 금싸라기, 저 금빛 노을을,
귀제비, 제비, 제비, 꾀꼬리, 꾀꼬리,
습지(濕地)의 낮 두꺼비, 두꺼비
금 두꺼비 깔고 앉아 누운 금싸라기
금곡역, 계곡에 깔린 금곡 빛, 금곡 빛
금곡빛 저녁 달아오르는 저 금곡역
금곡빛 빛나는 노을을,

시간이 금곡 속에 빠져 있을까. 1939년 7월 금곡리역 93년 금곡역은 백수를 누릴 수 있을까?

영원히 금곡처럼 서 있을 청춘이 가랑잎 지는 갈잎 진 금쪽같은 이승의 보리밭, 시간이 느리게 가는 경춘선역이다. 가슴치고 가는 물 앵두빛, 앵두빛 사랑의 간삭, 보름달. 보름달이 몸 무겁다. 금 두꺼비 같은 역이다.

홍릉, 유릉 고종황제 명성황후 민씨릉인 홍릉, 제27대 순종 순명효왕후 민씨 합장릉 유릉이 곁에 있다.

울창한 삼림 마치 이승의 보리밭 같다.

금쪽 댓잎 같은 청춘은 가랑잎 지는 갈잎 진 금곡역에 쌓여 있다.

금곡빛 빛나는 노을을 껴안고 서 있는 금곡역 활, 활 타는 가슴으로 서 있다.

마석역

스쳐 지나가는 네 사랑의 인연을
굳이 따라 가지 마라.
언젠가 한번은 다시 만나고
만나서 또 다시 헤어질 것이다.
들소뿔빛 노을 비낀 경춘선,
겨울 시골, 쇠죽 끓는 열불,
오래 견딘 네 사랑,
기차는 서로 그리움과 교행 중이었다.
네 작은 헌신의 기도,
네 헌신의 작은 몸부림,
달빛, 네 사랑의 젖통,
일렁이는 네 사랑의 들판 길,
저녁 불 켜진 열차
창에 낯선 그리움의 불빛을 만지고
들판 길로 나선 것은
이승을 버리려는 것이 아니었다.
이승은 너무 격(格)이 낮았다
상처가 너무 많아, 바다가 시퍼렇다.
상처가 너무 많아, 바다가 시퍼렇다.
위선(僞善)의 얼굴을 쓰고 달빛은 젖은 젖통,
네 슬픈 사랑의 적의(敵意)를,
꽝, 꽝, 꽝, 네 가슴에 못 박고
뿌리 깊은 네 사랑의 불을,
마석역, 그 옛날 사랑의 작살을 던지고
직선(直線)을 버리라고, 알락해오라기,

곡선(曲線)의 달빛을 안고
네 사랑, 그리움 깊은 곳으로
움막집, 네 그리움 그 속에 살 거야
쇠죽 끓는 사랑으로, 쇠죽 끓는 사랑으로

경기도 남양주시에 있는 경춘선의 철도역. 2008년 12월 2일 경춘선 복선전철화 공사로 신축 이설 하였다. 맷돌 머리. 마석우 맷돌이 많이 생산된 역, 맷돌 머리라고 불리게 되었다. 천마산, 축경산 금남리 유원지 수동유원지 북한강 천혜의 관광휴양자원이 산재해 있다.

마석역. 네 사랑, 그리움 깊은 곳으로 사랑의 움막집 네 그리움의 그 속 옛날 쇠죽 끓는 사랑은 어디로 숨었는가? 도시의 팽창, 도시 문명의 문화가 낯선 그리움의 불빛을 만지고 이승을 버리려는 슬픔이 달빛 속에 들판 길로 나선 것은 마석역.

네 사랑 네 그리움 깊은 곳으로 맷돌 머리처럼 우직하게 서 있는 네 그리움 그 속에 쇠죽 끓는 사랑으로 옛 사랑을 쇠죽 끓는 옛사랑으로 돌아가고 싶은 마석역이다.

청평역

천지, 굴렁쇠 푸르게
평평한 벌판에 구르다.
살찐 푸른 평야는
푸른 바다 같다.
숫처녀 가슴 푸르게
파도자락을 푸르게 굽히다
잉크 빛, 바다다.
잉크빛으로 만나다.
네 심장의 푸른 들녘이다.
네 눈에 푸르게 젖어 있는 물새,
저녁바다 같다.
물새의 꽁지가 청평역에 내리다.
푸른 영혼을 헤치고 가는 푸른 햇빛.
네 가슴에 푸른 마음
시린 푸른 바다에
마음 다시 씻자. 물빛 세상을,
씻고 가는 푸른 지혜를,
달무리, 별무리, 외로움에 지쳐
청평역에 내리다. 사랑에 몸 시린
사랑의 꽃 멀미, 찔레꽃불 보다 더 붉다.
바다가 푸르고 시리게 벌판까지 찾아왔다.
푸른 바다, 푸른 벌판 숫처녀 엉덩이다.
청평역, 푸른 파도자락, 산자락 눈부시다.
청평역, 푸른 파도자락, 산자락 눈부시다.

청평역은 솔내음 풍기는 경기도 가평군 청평면에 있는 경춘선역이다. 경춘선 복선 전철화 공사로 2009년 9월 1일에 약간 역사가 이전되어 현재 구 역사는 사용되지 않는다.

신 역사는 구역사로 부터 300m 떨어져 있으며 2010년 5월 26일 청평 구 역사는 71년 만에 철거됐다.

호명산, 북한강변, 기차봉 장자터 고개 명자꽃 푸르게 젖어있는 물새 저녁 호수 마음 씻고 사랑에 몸 시린 사람들.

사랑의 꽃 멀미, 그리움의 꽃 멀미 푸른 들판 숫처녀 엉덩이, 젊은 추억이 모락모락 그리움의 향수와 낭만으로 피어나는 산자락 물살 시린 들판 꽃 멀미 그리움의 추억이 달무리 별무리에 새겨져 있다.

사랑의 꽃 멀미 푸르게 출렁이는 청평역이다.

상천역

밤하늘, 기차가,
기차가 하늘로 가고
알락해오라기 불 켜고 해 같다.
밤에 하늘은 쓸쓸하다.
꿈에 네 발을 만지고 싶다.
오랜만에 밤 기도가 생각난다.
울컥울컥 버리고 싶던 삶의 가락이
붉게 각혈하며 하늘에 묻다.
상천역, 하늘가슴 보일까.
꿈은 빈자리에 남아
어리나, 늙으나 꿈은 하늘에,
꿈은 하늘에 걸렸으나 밤하늘,
기차가 하늘로 가고,
단풍잎 붉었으나 돌개바람 짓궂었다.
자꾸 작아지는 삶의 공간,
하늘 어두워지고,
하늘 가슴, 푸르러 높았구나
돌개바람, 하늘가는 밤하늘, 가는
상천역 기차는 흑기러기다.
흑기러기 날개 같다.
흑기러기 꺽, 꺽
우는 꺼끄리운 울음이다
꺽, 꺽 외로운 울음이다.
상천역, 늘 푸른 하늘역이다.
상천역, 늘 푸른 하늘역이다.

임시 열차로 서 있는 상천역이다.

경기도 가평군에 있는 경춘선의 철도역이다.

경춘선 복선 전철화 공사로 궤도와 역사를 약간 옮겨 놓았고 현재 열차가 정차하지 않는 곳이다. 상천역을 이용하던 사람은 청평역에서 셔틀버스로 갈아 타야한다.

청평 호명산과 호명호수 그나마 없어진 컨테이너만 달랑 남은 간이역. 밤하늘 알락해오라기 물켜고 해 같이 삶의 가락 길게 하늘 가슴 보이그 서 있다. 상천역 가는 그 옛날 기차는 흑기러기 같다.

북한 강변을 따라 대성리까지 간다.

호명산 기차봉 장자터고개 호명호수를 끼고 가는 돌개바람 밤하늘

흑기러기 외로운 울음처럼 울고 있는 상천역.

푸른 하늘만 희끗희끗 보이는 역이다.

가평역

기차 두 대 ,
함께 내리는 부부(夫婦) 같다.
경춘선 비가 내리고,
삶의 중턱을
넘긴 산위에는 함께 가자.
함께 가는 삶이
홀아비꽃대과 머리 숙이다.
날이 저물다. 짧은 시간,
울 일이 아니다.
나팔고둥 날고 수염풍뎅이 몸 구르다.
산모퉁이 긴 산그늘,
큰고니 목이 길다.
짙은 연초록 빛,
강은 흘러, 흘러,
홀레, 홀레 누구에게 가나.
강은 가슴에 모여, 산으로 울러 간다.
아른, 아른, 삶을,
삶은 더욱 가파르지 않았다.
반동강 난 땅에서, 반동강 난 낮달이
가평역에 떴다.
널 올려다 볼 수 있을까.
반동강이 제 혼자 저렇게
저렇듯 멋스레 높고 외롭게 떠있는 것을,
삶이라고 싸우지 마라.
싸우는 삶도 네 삶의 그림자다.

검은머리물떼새, 검은 기차꼬리 같다.
가평역에 네 삶의 흰 그림자.
흰목물떼새로 울다. 흰목물떼새로 울다
가평역 내 흰 삶, 흰목물떼새로 운다.

가평역 경기도 가평군에 있는 경춘선의 철도역이다.

가평계곡, 가평역, 명지계곡, 남이섬, 자라섬, 용추계곡, 경반계곡, 수락폭포, 별장처럼 보이는 그림 같은 집도 옥수수, 머루 나무, 깊은 소(昭)가 한 폭의 그른이다.

경반계곡 강은 흘러 흘러 흰 목물떼 새로 울고 있다.

경춘선 비가 내리고 홀아비 꽃대과 머리 숙이고 날 저무는 짧은 시간 큰고니 목처럼 길고 아름다운 짙은 연초록 가평역은 그림이다.

경강역

네 검은 몸의 껍질을 벗기다.
어디서 네 몸이 살아왔을까
삶의 슬픔이 하나, 둘
강촌으로 가고 있다.
강의 물결을 따라 가고 있다.
네 살 속을 파고드는
외로움에 눈물 많다.
가지빛, 외로움에 눈물 쌓이다.
네 눈에 눈빛, 물빛을 더한 서른 해,
호사비오리, 더 깊은 오지(奧地)의 강가에 산다.
망개나무, 입을 비쭉이며
밤에는 어디 가서 외로움과 함께 살까.
아물쇠딱다구리, 입을 다물고 살까.
경강역, 강촌, 춘천의 소양강,
봄빛, 봄 물살이 보인다.
가지빛으로 저물어 가는 외롬의 저 기차,
돌아가는 저 기차는 별빛을 싣고 가다.
살과 살로 부대끼며 만난 삶을,
저만치 돌아가는 검은머리물떼새,
입부리 긴 새는 기차가 된다.
경강역, 네 검은 몸의 껍질을 벗기며
푸른별, 하늘별, 세고 가다.
하늘별 싣고 떠나다.
입부리 긴 새는 기차가 된다.

경강역. 굴봉산역. 원래 마을 이름을 본떠 서천역으로 이름 하였으나 장항선의 서천역과 중복을 피하기 위하여 경기도와 강원도가 만난다. 도의 이름 한 글자씩을 따 경강역이라는 역명이 된 것이다.

영화<편지>와 드라마<천국의 계단> 등의 촬영지였기도 하다.

네 짐은 봄의 껍질을 벗기며 강의 살 속을 파고드는 외로움, 외로움에 눈물 많다. 가지 빛 외로움에 눈물 쌓인다.

경강역 봄빛 젊음 망개나무 입을 비쭉 이며 서 있는 경강역이다.

봄빛. 봄 물살을 안고 가는 살과 살로 부대끼며 만나는 삶을 만나러 가는 경강역이다.

강촌역

산까치가 강마을에 살았다
어머니 야윈 젖가슴으로
내린 강촌역,
눈망울 젖은 이슬방울
미루나무가지 끝에
강촌 물빛 보이고
열무김치, 열무빛,
강촌역에 가리
젖은 흙속에
네 원고지가 흙이 되고
젖은 흙속에 강촌역은 서 있다
저무는 저녁,
숫염소뿔빛이다
숫염소뿔빛이다
강촌역에 사랑덩굴풀과
붓꽃, 들풀이 강물처럼
작은 강줄기처럼
시름없이, 시름없이
혼자 내려간다
강촌역은 혼자 서 있다

강촌 역 주변에 밀집된 펜션과 위락시설 서울 수도권 대학생들이 MT 장소로 많이 이용되는 역이었다.

강촌역에 젊음과 낭만 청춘이 사는 곳.

아, 산 까치 강 마을에 살고 미루나무 가지 끝에 강촌. 물빛 보이고 열무김치, 열무빛 나, 강촌역에 젊음으로 다시 찾아가리. 젖은 흙속 강촌역은 서 있다.

저무는 저녁 젊음과 청춘은 숫염소뿔 빛 열정과 정열을 내 뿜고

붓꽃, 들풀이 강물처럼 흘러가는 강줄기 시름없이 살라, 강줄기 시름없이 살라, 기쁘게 살라.

강촌역은 뜨거운 햇볕으로 서 있다.

영동선

스위치 백 심터에 솟대, 400m를 넘어가는 곳 흥리재, 720m 녹색 펜스가 굽이굽이 틀어나가는 곳 .170 R의 곡선반경 삐딱하게 서 있는 나무들, 꼭 산을 뚫고 나오는듯한 기차 장송들이 꿋꿋하게 서 있는 곳. 나무에 가려 기차가 나오는 곳. 험난한 산악철도. 새들도 쉬어 가는 곳. 영동선 도계에서 통리까지 빙 빙 돌며 가는 길. 달바위 봉과 낙동강 따라 흘러가는 마음 그리운 서정, 서정시로 영동선 구름을 따라 강을 따라 시심을 돋우며 간다.

천년의 바람을 영동선은 안고 있다. 스위치 백 뒤로 그리움처럼 외로움으로 펄럭이는 손수건,

깃발처럼 솟대가 걸려있다. 영동선을 달리는 마음아!

서정시로 앓는 네 혼아! 녹색 펜스 속에 굽이 굽이 사랑이 살고

그리움이 살고 아픔이 산다. 죽도록 슬프면 영동선 가는 기차를 타자.

동점역

동점역에 가면
동전을 내어 동쪽으로 가는
점(占)을 치지 마라, 이 세상
우연은 없을 것이니라
동점역에 가면 네 마음
외론 섬을 찾아 가지마라
비어 있는 네 가슴으로
별빛을 사랑하라
달빛을 사랑하라
너만을 버리지 않겠다고
너만을 버리지 않겠다고
버둥거리지 마라
아예 사랑을 성급하게
맹세하지마라
세월은 흘러 흘러 층, 층 나이가 들면
팽나무 팽팽 나무처럼 돌고 울지 않으리
온다는 사랑, 온다는 그리움 멀리 있으니
외로우니까, 그리우니까
슬프니까, 네 떠나고 말았으니
유곽을 돌고 유곽을 울리는 네 사랑도
바람끼에 흔들려 바람으로 흔들려갔으니
이제 돌아와 피 묻은 손으로 울지 말아라
달빛도 별빛도 죽은 이승의 모든 빛들도
떠나면 다시 올까, 떠나면 다시 올까
동점역에 가면 동전을 내어

서쪽으로 가는 기차표를 끊어라
가을 하늘 보며 억새풀 같은 일기(日記)를 쓰자
동점역에 가면 가을 하늘을 걸어놓자
동점역에 이승과 저승을 떠도는 바람을 잡아 놓고
가을을 잡아 놓자, 가을을 잡아 놓자

동점역에 가면 네 마음 외론 섬 같다. 구문소, 낙동강, 산골짜기 협곡, 기찻길 낙동강 상류 황지천이 흐른다.

별빛을 사랑하고 달빛을 사랑하고 첩첩산중 구도자가 되어 외로우니까, 그리우니까라는 말들을 접는다. 가을 동점역에 가보라.

가을 하늘을 걸어 두고 내 마음 동점역에 걸어두며 이승의 모든 것들 끌어안고 사랑하는 마음, 동점역에 가면 억새들 질긴 삶을 안고 가자.

동점역에 가면 사랑을 성급하게 맹세하지 마라.

첩첩산중 깊은 마음을 안고 가자.

철암역

잿빛 깨꽃 같은 석탄이 무너지고 있었네
석탄 꽃들이 산 벚꽃처럼 흩날리네
사람의 마음은 아득히 먼 데
철암역 높이 서 있네
산그늘이 따라와 눕네
사람 마음을 따라
세월을 씹고 먹으면
석탄 꽃 피고 지고
구부러진 산 능선이 전신을 드러내어
검은 석탄, 불씨를 지피는
詩의 역
삶의 역
스물의 사랑이 남 몰래
암자를 찾아 와 누웠다
옛 사랑 옛 집을 찾아 가거라
바구지꽃도
망망 천지 여기에도 피어 있느냐
손끝은 천근 무거운 마음을 잡으려 하고
아, 가난하고 외롭고 높은
쓸쓸한 사랑과 슬픔을 뜨겁게
말 해 본 사람은 알리라
바람도 허공 중에 쉬어 가는 철암 역
마음을 바람에 실려
초록 물꽃, 초록 물 든
바구지 꽃으로 살고 싶다.

동점을 지나 철암역에 닿는다.

잿빛 깨꽃 같은 석탄이 무너지고 철암 노을빛이 스물의 사랑을 안고 와 누웠다.

예사랑, 옛집을 찾아와 바구지꽃, 망망 천지 천근 무거운 마음을 넋고 간다.

아, 가난하고 외롭고 높은 쓸쓸한 사랑과 슬픔을 뜨겁게 말해 본 사람은 철암역 바람도 허공중에 쉬어가는 줄 알 것이리라.

사람의 마음은 천근만근 철암역에 와 누워있으니 산그늘이 따라와 누웠다.

동백산역

눈 감고 생각 깊어갈수록
네가 다시 산다면, 네가 다시 산다면,
겨울 문밖, 서산에 걸린 달 모으다.
흰 산의 칡꽃, 뭇 철새로 떨어지다.
삶의 흥정소리, 흰 눈 속에 잠겼고
사람의 냄새 한껏 그립다.
옛집의 옛것들이 눈가에 시렸다.
삶을 후진(後進)할 수 없을까
가련한 네 삶을 다시 후진(後進)할 수 없을까
굵고 푸른 욕망, 주홍길 앞잡이 길 잡다.
뭇 발자국 지우고 간 길,
갑각류(甲殼類), 네 몸속을 뚫고
네 삶의 혈흔 번지다.
삶의 일그러진 장터 국밥집,
눈물 펑, 펑, 흰꽃 동백산역,
흰 꽃 내리고, 절망은 흰 꽃에
희망 꽃으로 푸르렀다.
별빛 눈물 모으며, 삶은 저 별빛 같지 않는
저 몸부림의 긴 강을, 나팔고둥에 숨은
저 몸부림의 긴장(緊張)을
갑각류(甲殼類), 네 삶을 가두다.
별무더기 안고 동백산역 넘어가다.
달젖통 안고 동백산역 넘어가다.
삶의 저 산 등고선을 오르고 있다.
삶의 저 산 등고선을 오르고 있다.

수박빛, 저 산 아래 삶의 긴장(緊張)을 풀다.

넓적부리도요가 날으다

강릉행 무궁화호 열차 백산(栢山)의 동쪽, 신호장역 백산역 태백 삼각산으로 들어서는 곳.

기차에 가을이 오고, 수박빛 저 산들에 삶의 긴장을 풀고 앉았다.

삶을 후진할 수 없는 곳까지 와서 푸른 욕망을 동백산역에 내려놓는다. 혈흔이 번지는 네 삶의 눈물 별빛까지 따라와 등고선을 넘어가도 있다.

동백산역 폐허가 혈흔처럼 번지는 곳 산 중턱에 빛바랜 탄광 시설이 등고선을 업고 있다.

통리역

기러기 제 발자국 따라 울며가다
하늘 따라 가다 숨 넘어 가듯
숨어 버린 높은 문턱
늦가을 햇살 쌀 만 섬으로 내리다
강원도 지붕을 따라 올라 온 것일까
하루에 몇 번 숨 넘어 오르는 것일까
머-언, 머-언 울음소리
바다로 가는 길은 이리도 멀까
눌러 버릴까, 이 슬픔을
뭉개 버릴까, 이 외롬을
또 오르면 어디로 가는 것일까
제비가 한숨 쉬며 오르던
한 참인 이 높이를
어제 본 저 별도
돌아오는 시간이다
먼, 먼 산을 끼고 돌아 앉아
별을 찾아가는 사람도
눈 돌릴 곳이다
가을 빗방울처럼 부서지는
꽃 같은 꿈을 주으러 왔기에
마음에 꿈을 심은 사람은 알 것이다
꽃 덤불처럼 마음이 거기 살기에
꽃 덤불처럼 마음이 거기에 있기에
먼 꿈 간직하듯 높이 서 있으리라
옛 꿈이 살고 있기에

쓸쓸한 옛 사랑이 거기
높이 쓸쓸히 살고 있기에

스위치 백의 관문, 산악철도 매봉산, 강원도의 지붕이라 할까 인클라인 구간이었으나 지금은 철거되었다고 한다.

쇠줄에 이끌려 올라갔던 곳. 늦가을 햇살 숨 넘어 오르는 곳 그곳에서 눌러 버릴까,

이 슬픔을 뭉개버릴까,

이, 슬픔을 뭉개버릴까,

아, 아, 이, 외로움 어제 본 저 별도 집으로 돌아오는 시간, 꽃 덤불처럼 아름다운 사랑이 높고 쓸쓸한 외로운 옛사랑처럼 걸려있다.

기러기 제 발자국 따라 울며 하늘 따라 숨넘어가는 곳 통리역.

네 사랑 네 마음이 높고 아름답게 걸려 있기에 높이 쓸쓸히 살고 있기에…

흥전역

싸리꽃 지는 밤, 보름달
스위치발, 기차가 뒤로 간다.
네 삶도 뒤로 갈 수만 있다면
싸리꽃, 싸리, 싸리, 아리는
떨어져 사는 삶을,
산은 보라색,
외롬이 싸리꽃으로 털어지다.
외롬을 만날 수 있다면
외로운 눈물, 만지며
태백역, 천년 주목(朱木)을 만진다.
태백산, 죽은 주목(朱木)을,
천 년 후 누가 다시 만지랴,
주목(朱木), 군락(群落), 늦은 봄,
흰 싸락눈, 흰 싸락눈,
밥티 눈알에,
네 외롬 닭살 끼게,
네 외롬 닭살 끼게,
삶의 제동을 건네다.
네 삶을 닭살 끼게,
산은 보라색, 흥전역,
싸리꽃, 가을 건너는
검은 석탄, 마음.
석탄, 백탄 타듯, 겨울, 겨울,
흥전역 가다. 폭설, 폭설 속에
너는 숨고, 너는 숨고
흥전역, 겨울 폭설 속에 너는 숨다.

흥전 나한정 간은 열차가 뒤로 운행하는 스위치 백 구간이다.

흥전역(상부역)이다.

싸리꽃 떨어져 사는 삶처럼 높고 외롭다. 양봉장, 별장, 오솔길, 석공아파트, 판잣집들, 돌무더기, 나뭇가지 사이로 싸리꽃 외로이 날았다.

녹색휀스, 또아리 터널, 외로운 눈물 만지며 삶의 제동을 건넨다.

산은 보라색 흥전역 누가 다시 천년 주목을 만질까 천년의 약속, 천년의 미래 새 천년을 기다리며, 산은 보라색 싸리꽃 지는 밤, 보름달 안고 흥전역, 흥얼흥얼 거리며 흥전역 간다.

외로운 눈물 무더기 별로 떨어져 있다.

내 외롬 네 외롬 닭살 끼게 삶의 제동 건네는 흥전역 간다.

나한정역

얼음바다가 보고 싶다
겨울 강원도, 시퍼렇게 얼어 터진
얼음바다가 보고 싶다
내륙에서 시퍼렇게 얼은
얼음바다가 보고 싶은 것은
여름 물방개가 울고 있는 것이 아닐까
강원도 산협, 구름마저 숨어버린
엽목나무 긴 주름살
흰 구름 속을 뚫고, 산협을 뚫고
얼음바다를 보고 싶은 나한정역
통리역과 심포리역을 넘어
나한정, 나한정,
나에게 한정된 역일까
푸른 바다는 얼지 않았고
내 마음도 얼지 않았다.
나한정역에는 홀로 길 떠나지 마라
흰 눈들을 피해 가라
네가 거기서 빗방울 속에 있었을 때
아서라, 네 모습 보이지 않았네
문득, 문득, 동해가 보고 싶으면
문득, 문득 산협 속에 네가 있으면
저녁 무렵, 나한정역에는
마음을 불사르는 접시꽃을 보러 가겠네
머리보다 가슴으로, 가슴보다
마음으로 가고 있는 나한정역에서

푸른 바다 별빛이 쏟아져 내리고
푸른 바다 별빛이 쏟아져 내리고 있었다

왼쪽 철길 스위치백, 흥전역과 이어지며 뒤로 간다.

오른쪽 철길은 도계역과 이어지며 앞으로 간다.

마치 삶의 역정 전진과 후진이 이어지는 것 같다.

1946년 개통된 영동선 스위치백 구간인 도계역-나한정역- 심포역 8km 구간철도 이설로 2010년이면 역사의 뒤안길로 사라진다.

겨울 나한정역을 가보라.

나한정역 내 마음을 불사르는 접시꽃, 그대의 아픔이, 푸른 별빛 속에 가슴을 드러내고 있다.

도계역

도계역에서 네 검은 눈물을 찾는다
산그늘 더불어
가을 비 주말마다
도계역을 적신다
검은 석탄차가
깊은 구릉을 빠져나와
깊은 산을 가른다
가랑잎 날린다
버릴 것 다 버리고
막장을 빠져 나온다
일과 희망과 삶의 검은 네 눈물이
마르고 적셔지기 전 이른 새벽
한 송이 달제비꽃
까치박달꽃은 왜 피었는가
삶이 녹아 적셔지는
도계역, 가을 비
네 눈물에 서러워하지 마라
골짝발톱 풀도 서러워하지 마라
담자리꽃 눈물 흘리며 산다
도계역에서 너를 만나지 못하고
오늘 가을비에 젖지 못하고
너를 생각 하는 삶의 모서리
처녀치마 풀 흙 속에 잠들지 못하고
네 사랑과 패배와 우정을,
삶도 세월 따라 깊어지리니

도계역에서 네 눈물을 만나러
너를 기다린다. 만나지 못한,
담자리꽃들만 덩어리로 모여 산다
나는 도계역에서
동박새가 되어 날아간다

평평한 들판 길,

동해역에서 바닷길 도계역에서 고사리역 무개화차들이 줄지어 선 도계역 환선굴. 도계역, 급수탑, 도계항, 저탄장, 토사 밀림, 도계역 안의 맞이방, 일과 희망과 ,삶의 검은 네 눈물이 마르고 적셔지기 전 이른 새벽 한 송이 달제비꽃, 까치박달꽃은 왜 까치박달꽃으로 피었을까,

너를 기다리다 만나지 못한 네 사랑과 패배와 우정을 도계역에서 네 눈물을 만나러 너를 기다린다. 만나지 못한 그리움이 시냇물로 흐른다.

고사리역

물가에 진 물빛 영혼
물 티 물고 물 먹고 자란
고사리 같은
고사리 살 엽 푸른
고사리역
고사리 분교, 분교 같은 역
배추뿌리 씹은 맛
서릿발 내린 고사리역
아내와 손잡고
떠난 가을 여행
깨진 첫 사랑
곤두박질치듯 올라온
무궁화 열차 선로 위
꼬이고 꼬여 가는
삶의 낙차落差 빛바랜 사진첩
고사리역물 티 먹고 물 먹고
물 티처럼 사는 삶
늦으막이 서 있는
고사리역
비탈진 길
노을처럼 비켜선 역
물안개 서린 역두가
외롭고 눈물겹구나

'진짜, 진짜 좋아해'

고사리역 고사리가 많이 나서 붙여진 이름이라 하며 마을 앞산이 험난하여 옛날에 사람들이 많이 죽었다고 하여 '고살'이라고 한데서 유래 되었다고 한다.

물빛 영혼 고사리역에 가면 깨진 첫사랑, 오십천 강줄기와 기찻길 숨어 버린 첫사랑, 이, 강과 산자락, 공장들에 둘러싸여 숨어있다.

나무 밑둥을 잘라 세운 의자 삶의 낙차, 빛바랜 사진첩인양 노을 비켜선 고사리역, 물안개 서린 역두가 외롭고 눈물겨운 은신, 숨어 사는 수도사처럼 서 있다.

마차리역

입추(立秋) 지나면서
바람이 떨고, 마음이 떨고
마차로 굴러 떠나가는 삶이
요동을 친다. 물부추 몸 떨고
털발말똥가리, 말구루마 구르기에
눈물, 푸른 삶의 푸른 넋이 필요하다
조랑말 키 크면 마차리역은
말똥무더기, 들찔레, 뻘밭, 뻘뻘한 삶,
살 냄새, 사람냄새, 푸른 말똥냄새
둥, 둥, 둥, 네 몸, 부풀어 올리는
네 삶의 더운 핏줄, 마차리역 넘어가면
푸른 피, 도는 하늘꽃밭 가는 길,
저물며 뒤늦게 하늘 역 따라
마차리역, 말구루마 뒤켠에 앉아
늙은 포플라 나무 뒤로 몸 기댄다.
뻘물, 뻘밭, 팍팍한 네 삶,
뻘뻘한 삶 뒤로 두고 마차리역,
말구루마 구르듯 간다.
마차리역, 말구루마 구르듯 간다.

오십천을 따라 달리고 있는 무궁화호, 바람이 떨고 마음이 떨고 마차로 굴러 떠나가는 삶이 요동을 친다.

물부추 몸 떨고 가듯 고사리역에서 마차리역은 무정차 통과역이다.

깊은 골짜기와 동굴의 마을, 고사리역과 마차리역 사이에 있는 저승골, 옛날 짐승들이 많이 죽었던 곳, 가파른 벼랑 산짐승들이 더 이상 도망갈 곳이 없었던 곳, 간월산 배내봉, 늙은 나무들, 푸른피 도는 하늘 꽃밭, 산새꽃, 개나리, 진달래, 네 삶의 더운 핏줄이 마차리역을 넘어간다.

푸른피 하늘역, 말구루마 구르듯 간다.

신기역

반달이 걸려 있더니
반달은 가고
가을 하늘 늦가을 하늘
나무뿌리들이 서럽게 몸 씻는
잔가지들 모여 앉아
세수를 하는 삶의 모세혈관은
반달을 넘어서 갔다.
발은 발 자전거를 타고
희망에 대한
삶에 대한 신기함을 버렸다.
달의 분화구, 크레이터
이슬이 차가운 공기를 만나
찬 서리가 기러기를 불러온다
먼 바다 파고(波高)가 높다
혼자서 가는 저 반달을
그리움보다 더욱 짧은 여우꼬리 해
신기역에 신기하게 걸렸다.

마차리역을 지나 신기역을 반달로 간다.

가을 하늘, 저 끝 산봉우리 환선굴 (대이동로) 대이리, 굴피마을 강원종합박물관이 보인다.

기찻길, 나무뿌리들이 서럽게 몸 씻는 가을. 늦가을 하늘 찬서리가 기러기를 불러오는 종유석 동굴 간간이 혼자서 가는 반달 그리움보다 더욱 짧은 여우꼬리 해 신기역에 신기하게 걸렸다.

시와 삶이 신기하게 가을 늦가을 하늘을 보고 있는 것처럼 삶의 모세혈관 이 가을 하늘처럼 투명해지는 신기한 마음처럼 신기역.

이슬 차가운 공기를 만나러 간다.

동해역

진해선 타고 신창원에서동해역 간다
먼 바다, 눈물빛이다
소금바다다 잉크빛이다
그리움, 올올히 촘촘히
와 박힌 섬세한 그물망 속에
허전한 노을 걸렸다
슬픈 언저리를 돌고
돌아가는 외로움의 기둥은
동해역 바닷물살 속에
우두커니 서 있다
바다로 가는 파도 길
늦은 저녁 동해역은 눈물
글썽거리다 늦은 사랑을
무너뜨리는 아픔의 먼 바다
우두커니 우짖는 슬픔의 이데아
아버지 낮은 목소리 같은
새하얀 대나무순, 파도, 죽순, 파도,
손끝에 타는 오늘의 아픔,
긴머리물총새, 머리 내민 동해역,
긴 머리 동해 기슭, 마음 타는 동해역
백년, 천 년 전 바다, 고뿔 들린 파도가
손 시려 입 부비는 살갗 그리운 동해역
손 시려 눈을 든다 그리움 눈을 든다

물소리가 잠을 깨고 강원도 동해시 삼척선, 묵초항선, 북평선이 갈라져 나가는 역이다.

객화차 기관차 관리사무소 등이 있어 옛날 동해시 전 북평역이라 했다.

추암해수욕장, 추암 촛대바위 천곡동굴, 삼척해신당 공원 애바위 해신당 전설을 끼고 늦은 사랑을 무너뜨리는 아픔의 먼 바다 손 시려 입 부비는 살갗 그리움 동해역.

소금 바다 잉크 빛으로 서 있는 동해역, 슬픈 언저리를 돌아가는 외로움의 기둥으로 동해역은 우두커니 서 있다.

묵호역

바다로 하여금
바다로 가는 열차바퀴를 돌리게 하라
수말처럼 성이 난 열차는
숨찬 숨소리를 산에 올렸다
귀뚜라미 울음 짓밟고
처녀바디 풀 짓밟았다
초록을 뚫고 지나가는 초록바다
묵호역은 묵화(墨畵)다
묵화(墨花) 밭이다
겨자씨 시심(詩心)이 울었다
자궁(子宮) 터널을 지났다
산이 명상(瞑想)하고 누웠다
바다는 도인(道人)이 되었다
전생(轉生)인 것처럼
열차는 몸을 틀었다
몸을 튼 바다는 전생(前生)이
역(驛)이었던가
간이역은 전생(轉生)이 검은머리 물새 떼였던가
울음의 멍텅구리 배였던가
산줄기 속에 기차는 서 있다
너의 죄처럼 검은 기차는
고해성사 하듯 떨고 있다
별이 내리고 사람들은 바다가 되었다
열차는 상처 자국이다 눈물자국이다
그리운 사랑의 처녀좌이다

열차는 낙엽이다 묵호역은
네 사랑의 묵주 알이다
바다로 하여금
바다로 가는 열차바퀴를 돌리게 하라

묵호역, 바다로 가는 열차 바퀴 숨찬 숨소리를 산으로 올려 보낸다.

묵호항과 묵호 등대 묵호 일출 묵호역을 묵화다 묵화 밭이다.

검은 머리 물새 떼, 울음의 멍텅구리배 묵호역은 그리운 사랑의 처녀별 네 사랑의 묵주알이 바다 깊은 사랑으로 깊은 시심을 돋운다.

바다로 가는 열차 바퀴 묵호항,

문어발 내미는 묵호역 너의 마음상처 자국일지라도 고해성사하듯 서 있는 묵호역.

우두커니 바다는 숨찬 소리를 던지고 있다.

망상역

죽도록 그리우면 망상역을 가 보아라
역이 또한 사람을 그리워하지.
역은 사람이요, 사람이 또한 역이니
역과 사람을 분별하지 마라
바다 역이 있다 화엄경華嚴經 역이다
죽음 역이다
피 가죽 나무 서 있는
핏빛 피 보다 더 붉은 오후
피 가죽 나무 가죽을 벗기는
껍데기 가죽을 벗기는
망상역을 가보면 안다
속마음으로 바다를 적시며
울고 서 있는 바다 역
망상역에
망상역, 꽃이 내리는 바다
바다역, 붉은 튤립 같은
사랑의 우체통 같은 바다
울지 마라 바다여,
망상하지 마라 바다여,
망상역을 가보면
사람이 바다, 바다가 사람이다
바보가 아니다. 바보가 아니다
우두커니 서 있는 곳이 아니다
망상역이다. 바다 역이다
망상역에서 망상하지 마라

망상역에서 눈감고 冥想하지 마라
망상역, 꽃이 내리는 바다
그 바다 망상역에서
튤립 꽃 같은 사랑이 華嚴經으로 산다

망상역 화엄경 소리치는 망상 해수욕장, 해당화 붉은 꽃술이 핏빛 피보다 더 붉다.

튤립 같은 사랑의 우체통 같은 바다. 망상역에 꽃이 내리는 바다.

사랑의 화엄경역이 사람이고 바다가 사람이니 별빛에 숨어 있는 바보 우두커니 서 있는 망상역 모래톱에 서 있는 갈매기 끼익, 끽, 끼익, 끽 소리 내어 울지 마라.

망상역에 화엄경 읽는 파도소리가 나를 안고 간다.

이승의 저문 갈매기빛 노을이 눈을 뜨고 서 있는 망상역, 피가죽 나무로 서 있다.

정동진역

퍼렇다. 푸른 것은 색깔이기에
색깔의 절정(絕頂)이다.
푸른 응집(凝集)의 응혈(凝血),
푸른 응집(凝集)의 침묵(沈默),
정동진역은 퍼렇다.

이승은 절연(絕緣)의 아픔을 낳았고. 아픔을 앓았다.
바다는 이윽고 들숨, 날숨으로
푸른 영혼을 안고 푸른 숨을 떨군다.
순결한 시간과 순결한 영혼(靈魂)은
영원한 사랑으로 눈을 돌렸다.

먼, 푸른 노을이 네 넋을
혼자 감추고 있으니, 돌아가지 마라,
네 눈물이 지구의 푸르름을 안고 가니,
네 푸르름의 부름에 집착하지 마라.

지구에 푸르름이 푸르르게, 푸르게
칼날 서 있다는 것은 정동(正東)쪽이다.
저 푸른 하늘 끝, 어딘가 너를,
저승역까지 까치새 처럼 데리고 가다.
저승역까지 데리고 가다.

이승의 바다거지가 저 하늘 끝까지
바다거지가 되어 바다가 되고 있었다.

정동진역은 푸른 슬픔, 푸른 알거지가 되어
청솔, 푸른 나무를 껴안고 있다.
빈 들녘까지 푸른 알거지, 푸른 바다가
출렁거리고 있다. 정동진역은 푸르게
알몸으로 시름없이 출렁거리고 있었다.

광화문에서 정동 쪽에 있는 마을, 바다와 가장 가까운 역, 퍼렇다. 푸른 색깔의 절정 벤치의 저 푸른 자유,

베토벤 바이러스, 모래시계 촬영지. 바다와 하늘이 맞닿는 곳. 이승은 절연의 아픔을 낳고 바다는 들숨, 날숨으로 푸른 영혼을 안고 푸른 숨을 떨구고 간다. 순결한 시간과 순결한 영혼 영원한 사랑의 운명이 푸른 노을의 네 넋을 안고 있다.

알몸으로 시름없이 울고 있는 눈물의 뿌리, 시름없이 출렁거리는 알몸의 알거지. 봄빛이 푸르다. 푸르게 서 있는 청솔, 푸른 나무로 서 있는 젊은 나무 숲.

정동진역은 푸른 청춘으로 서 있다.

동해남부선

낭만 인생, 낭만 바다 동해 남부선 기차를 탄다. 팔각지붕의 해운대역, 1940년대 유럽에서 유행하던 아르누보 양식으로 지어진 송정역, 송정 해수욕장 기장읍 청강리의 기장역, 기장미역 녹는 바다를 향해 동해 남부선 기차를 탄다.

들꽃 길 바다가 길이 되고 길이 바다가 되는 들꽃 길 별빛에 젖어 운다. 엉, 엉, 엉, 밤바다는 한 마리의 검은 짐승이었다.

엉, 엉, 엉, 슬픔을 토해내는 한 마리의 검은 짐승이었다. 우르릉 쿵쾅, 우르렁 쿵쾅 세상풍파 잊고 동해남부선 간다.

별 쏟아지고 달 따라 가는 밤, 송림의 푸른 푸르름은 희망, 삶, 꿈이었다. 바다, 밤, 기차, 아버지는 마흔아홉의 밤바다를 건너갔다. 파고, 파도 저 너머 행복이 있다기에 머리 발끝까지 바닷물이 든다 동해남부선 별 따라 달 따라 달을 안고 별을 안고 목숨의 맥이 실려 간다. 어쩌면 바람처럼 흘러가고 꽃처럼 흘러간다. 외로이 바다에 누워 이승의 끝이라 싶다고 부르며 바다에 누워 가는 동해남부선 바다가 사람을 적시는 기차와 바다가 한 마리 슬픈 짐승으로 삶의 고뇌를 안고 슬픈 목가처럼 바다를 간다. 동해남부선 발갛게 물들이는 바다 일몰이 가슴에 산, 바다, 노을, 동백꽃잎에 동해남부선은 바다 짐승 흑석이 된다.

해운대역

가포리 바다, 오륙도
장닭 붉은 벼슬 타고 있네
붉은 가슴 타고 있네
해운대 푸른 바다가
사랑가로 젖고 있네
사랑가 구름 속에 가리어
네 넋 속에 네 넋의 푸른 넋
-마더 데레사 두 손이 더 붉네
네 바다를 다 쓸어 줄게
네 바다를 다 쓸게
네 이승의 죄를 다 쓸게
네 가슴도 다 쓸어
바다 속에 잠들고
이승의 푸른 넋
이승의 푸른 넋들만
오륙도 섬으로 떠 있네
제 살을 만지며 바다가 꺽, 꺽, 꺽
이승의 아픈 속살만 건드리고 가네
파도가 꺾고 꺾이게 가는
꺾고 가는 아쟁, 앵금, 퉁소 소리
시린 몸 달래고 가는 해운대역
동백은, 동백은 네 가슴에 붉게 지고
붉게 떨어지는 해는 해운대역으로 간다
시린 몸 달고 가는 해운대역 기차는
네 가슴에 붉게 지는 해운대역 바다 파도
먼 곳에 우는 산울림으로 뜨겁다

지금은 팔각형 지붕의 해운대역.

월내역을 출발 구포와 부산역으로 가던 동서 통근열차 해운대 해수욕장. 최치원의 호인 채운으로부터 시작된 해운대의 지명은 그 옛날 신혼의 꿈을 간직한 역이기도 하다.

달맞이 고개, 비둘기 정약용의 시의 사연이 담긴 멀구슬 나무 해운대 푸른 바다가 붉은 가슴을 드러내고 사랑가로 젖고 있는 네 넋 속에 마더 데레사 두 손이 더 붉게 동백으로 붉게 타고 있으니 먼 곳에 우는 산울림 소리 뜨겁다.

송정역

솔향기 바다 기슭에 남았다
술래잡기 놀음하듯 손수건 절래절래 흔들며
풀밭 속에 숨었다
풀밭 속에 숨은 듯
바다 곁, 외딴 물 바람소리
물비린내 삶의 이끼도 숨었다
바다새 소리가 오지 않는 곳
아내와 유서遺書를 쓰듯
캐시밀론 이불 덮어쓰고
이순耳順과
지천명知天命을
아주 잠시 바다 속에 있다가
여름 해가 늦게 떨어지는 바다에서
저무는 인생사人生史, 저무는 인생사人生史,
빗자루에 쓸려 가면 먼지처럼 남아서
물비린내 이끼로 남아서 갯바위 구석에 살아있다
펄럭거리는 푸른 파도
푸른 별들이 바다에 내리다
산에 걸린 저 낮달도
큰 산 작은 산을 넘어 와
수평선에 안겼다
사람 쓸려 나가는 물결처럼
틈서리에 외따론 절 마당처럼
한켠에 외롭게 서 있는 푸른 소나무처럼, 해송海松처럼
저녁 공양을 마친 어린 비구니 스님처럼

절 마당 느티나무 같다
절 마당 호두나무같이
너를 위한 안타까움처럼, 안까님처럼
오래 버티고 서 있는 역
호젓하고 외롭다 우리들 사는 인생처럼,
호젓하고 외롭다 우리들 사는 인생처럼,

동해 남부선 송정역 건축사적 가치가 인정되어 역 전체가 등록문화재로 지정되었다.

1940년대 유럽에서 유행하던 아르누보 양식으로 지어졌다.

송정해수욕장 찾는 사람들을 위해 임시 열차가 운행되기도 한다

갈대 바다, 가을포(갈포), 송정 정자 목조 단층 건물의 역, 박공 지붕, 까부는 느낌, 근대 문화유산으로 등록된 역, 송정 바닷가, 멀리 죽도가 보이고 울릉도 동남쪽87km 지점 독도가 있고, 송정에 죽도가 있네.

푸른 별들이 바다에 내리는 절 마당 느티나무 같은 풍경 호젓하고 외로워도 수평선 사람 쓸려나가는 물결처럼 우리 사는 인생처럼 바다는 물비린내를 남기는 삶의 이끼 삶의 이끼 같은 송정역이다.

기장역

바다에 삶의 밑줄을 긋다
흐리고 우울한 날
긴 옷 걸치고 검은머리물떼새,
흐린 바다에 검은머리물떼새 오줌을 깔기다.
나는 매우 쭈구리고 앉아 살아왔다.
어쭈구리 횟집에서
어쭈구리 앉아서 소주를 구겨 넣다.
저녁 해, 물소뿔빛 같다.
저녁 해 들소뿔빛 같다.
잔광(殘光), 바다밑줄에 죽다.
물새도 중풍(中風) 들었나,
쉰을 훨씬 넘기고 쉰다섯을 넘기고
이승을 떠매고 가는 삶의 바다에
오줌을 깔기다. 온몸이 젖어 바다에 가면
온몸이 젖어 도무지 삶이,
삶이 아닌 것 같아
바다에 힘들여 밑줄을 그어 놓았으나
바다 기장이 얼마나 길까,
바다 기장이 얼마나 길까,
삶 꽃이 둥, 둥 수면위로
낙엽으로 내리고 좀 더 약게, 그리고 낮게,
검은 미역 눈물 흘리다.
검은 미역 눈물 흘리다.
기장역, 검은머리물떼새로 날고 있더라
기장역, 기장미역, 검은머리물떼새로 날고 있더라.
기장역, 검은머리물떼새로 날고 있더라.

동해 남부선 모든 열차가 정차하고 있는 곳.

송정역과 일광역 사이에 기장역은 역, 역, 바다에 삶의 닽줄을 긋듯 흐리고 우울한 날 저녁 해, 물소 뿔 빛 노을 같기도 하고 기장 미역 물독 냄새가 나기도 한다.

바다 기장일까,

삶 꽃이 푸른 미역처럼 푸르게 일고 검은 미역. 눈물 흘리듯 검은 더리 물떼새로 날고 있는 기장역, 눈물 푸른 검은 머리 물떼새가 기장역을 감돌고 있다.

온몸이 바닷물에 젖어 이승을 떠 매고 가는 삶의 바다에 바람이 불어 바람 불어 기장역은 물 푸르게 눈물 흘리듯 서 있네.

일광역

빛의 신비 속,
슬픈 짐승, 각 각 꾸부리고 앉아
삶의 짐 꾸러기 풀다
슬피나무가지, 나무 이파리 같은
삶이라고 뜨겁게 열 받고 올렸지만
산은 멀었고
바다도 멀다
이승의 헛소문 들끓다
헌 양말짝 같은 우리는 깨어 있어
새끼 짐승 몸부림 핥다
햇빛은 수평선을 쫓다
달빛은 지평선을 쫓다
들쑤셔 대는 어둠이
무덤 속 숨었다
짧은 해, 여우꼬리 꼴깍
산을 넘다.
헐벗은 마음 빛이 오다
헐벗은 소나무 등뼈 잘 보이다
눈썹씨름 털며 빛 속 가다
눈썹씨름 털며 빛 속 가다
맨발로, 알몸으로 세속(世俗),
짐 꾸러미 풀다. 맨발로 빛의
신비 속으로 들다. 일광역,
염소뿔빛, 저녁노을 속으로 들다

일광역 역사는 철거되었고, 일광역 떠오르는 햇빛, 빛의 신비, 슬픈 짐승처럼, 꾸부리고 앉아 삶의 짐 꾸러기 풀고 슬피 나무 이파리 같은 삶.

산은 멀고 바다도 멀다 마음은 이승의 헛소문에 눈썹 씨름 달랜다.

빛 속으로 가다. 눈썹 씨름 털면서, 빗속으로 간다.

맨발로 맨몸으로 알몸으로 세속을 던진다.

일광역, 염소뿔 빛 저녁노을 속으로 이승의 헛소문 들끓고 있는 새끼 짐승 몸부림 핥다.

울고 있는 삶의 능선 너머로 여우꼬리 꼴깍 이승을 넘듯 산을 넘듯 헐벗은 일광역 소나무 등뼈가 외롭게 서 있다.

알몸으로 세속을 던지고 가볍게 길 떠나자.

좌천역

자욱이 내리는 물안개 속에
나는 허방다리 짚었다
흑백 사진 속으로 측백나무
늙음이 숨었다 피나무 때 묻은
인정들을 모아 피나무로 서 있다
흙의 맨살 속에 짧은 이승의
나이테를 감고 있었다
물안개 속, 가슴적시는
몸부림의 피나무
네 가슴에 굽은 못 박고
초승달처럼 등 굽은 몸으로
물안개로 흘러 바다로 갔었지
해지개, 해넘이 산에서
아무것도 주지 못한 채
자욱이 내리는 물안개 속에
나는 허방다리로 서 있었지
외다리 학처럼 홀로 서서
피나무처럼 붉게 서 있었지
좌천역 비스듬히 서 있었지

쪽빛 물감을 풀어놓은 것일까, 적막과 고요가 주저앉아 남을, 어둔 밤의 흑백 사진을 풀어놓은 것 같다.

수줍은 늙음이 숨어 있는 것일까, 향나무 푸른 기색이 몸 푸르다.

도시 외곽, 키 큰 나무만 모습을 뽐내고 있다.

상록수, 상록빛의 바다가 몸 푼다. 무궁화호가 머물지 않고 지나간다. 나는 허방다리로 서 있었다.

외다리 학처럼 피나무 붉게 서 있는 좌천역, 흙의 맨살 속 짧은 이승의 그림자만 둥, 둥, 떠다니고 있다.

네 가슴에 굽은 못 박힌 그리움을 언제 바로 털 수 있을까.

초승달 별 속에 숨어 지나가네.

월내역

달뿌리풀, 달속, 옛집, 옛길
하늘도 이제 그만, 그만, 지쳐
달 속으로 숨었다 서릿발 내리던 옛길에
별 떨기 혼자 떨며, 산자락에
달불 놓고 오다 관솔불은 관솔에 타고 있네
달빛은 바람의 눈인 것일까
바람은 달빛 안고 오다
소잔등, 같은 달은 배낭을 진 듯
허리가 무겁다 담근술 무거운 단지
달 속에 따르고 나는 빈 잔이니
월내역, 먼 바다 달빛에 차다
용담꽃 달 속에 피다
바다 속에 피다 동편제 판소리 한마당
비둘기 타고 달빛 소나타.
격정(激情)의 바다 그리워
달빛 그리워, 달뿌리풀로 달 속에 피고 진다
월내역 달뿌리풀로 피고 진다

인적 드문 동해 남부선 바닷가, 원자력발전소 월내리, 바닷가 어촌 소금냄새, 고깃배 건물 속에 가리운 바닷가 바다가 건물 속에 있을까.

달뿌리풀 키우는 언덕들 200년까지 열차의 종점을 차지한 곳 관솔불 타는 달빛은 바람의 눈을 안고 바람은 달빛을 안고 온다.

소잔등 같은 언덕들 도시.

통근열차·구포·사상·부전. 동래. 해운대를 잇고 가는 통근의 숨결 숨결들 통근 열차의 종점. 월내역 낮은 언덕들 고리원자력발전소, 한적한 어촌 풍경 뒤로 31년이나 서 있는 원자력발전소, 격정의 바다. 그리운 동해 남부선 월내역은 먼 바다 달빛에 차고 달푸리 풀로 피고 지는 달덩어리 뒤로 월내역은 서 있다.

남창역

서생역, 서생(書生)이 되고 팠다
남창역, 남창(南窓)으로 창을 낼까
남창역, 남창(男唱)으로 노랠 부를까
월내(月內), 달빛 속에 누워 살까
사랑해, 사랑에 호박잎, 산울림,
성황당, 허수아비, 모자 쓴 총각,
댕기풀이 먼 길, 스치는 바람 한 점
갈 곳 없다. 콩꽃에 잡초는
잡설(雜說)속에 살았다
남창역, 옛날 반딧불 불빛 떴다
남창역, 저 백년 이끼 낀 이끼꽃
이끼 바람으로 초저녁 잠 잔다
남창역, 허깨비 꿈 깨러
산사(山寺)의 무설당(無說堂)
처마 끝에 앉아 남창역 보고 앉아 함묵(含默)한다
달빛 속에 슬피나무가 흔들린다.

울산시 울주군의 작은 역, 지붕 끝머리가 2개 겹쳐져 있다.

남창역 바로 앞에 3일장 8일장 남창 5일장이 선다.

맞배지붕, 2004년 9월 한국 근대문화유산으로 등록되어 있다.

흑갈색의 크고 작은 옹기들 일명;옹기역'이라고 한다.

무궁화, 새마을호가 54차례나 선다.

별밤 열차, 산을 닮은 뽀족 지붕 빨간 유리창, 함묵, 달빛 속 슬피 나무가 흔들린다.

서생역과 덕하역 사이에 있다. 남창역 앞에 '안전 수송'이라는 돌비가 서 있다. 대운산으로 가는 마을버스가 보인다.

이끼 낀 바람 초저녁, 남창역

허깨비 꿈 깨러 호박잎 푸른 달빛과 함께 간다.

모화역

가슴 헤진 어머니, 어머니 불러본다
가을, 빈 손 가슴에 올리고
육십, 이순(耳順)의 귀밑, 귀 밝기 술
척, 척, 척 가슴에 걸치고
멱 감던 마을, 강기슭
굽이, 굽이 어스름 노을빛 달고
눈물 안고 간다 눈물 끼고 간다
눈물 끼고 간다 어머니, 어머니, 되뇌어 간다
되뇌어 본다 가을 강 멱 감던 가을 눈물이다
백년 앓이, 백년 앓이 가슴 앓던
삶의 발 돋음, 달밤, 달밤, 달밤이 너무 깊어서
가슴 헤진 어머니, 어머니, 자꾸 자꾸 불러본다
모화역 가는 길, 가을 문득 깊어서
모화역 가는 길, 문득 멀어서
가슴 물구나무서기로 물구나무 서 있다

경주와 울산의 점이 지대, 모화역 초록색 울타리, 동해 남부선 철길. 모화역은 도시 속의 철도. 철길 너머로 보이는 아파트 단지 우물이 한구석에 있다. 딘간임대로 지금은 개인 가게로 바뀌어져 있다.

가슴이 헤진 어머니 가슴 같다.

달빛이 너무 깊어서 모화는 가는 길, 문득 너무 멀어서 가슴 물구나무서기로 서 있는 모화역. 모화역 명판만 남아있다.

모화역 가는 길 문득 멀어서 가슴은 물구나무서기로 물그나무로 서 있는 경주, 울산의 접경 모화역 가슴이 헤져 있구나.

입실역

겹, 겹, 허허벌판
첩, 첩, 허, 허, 허, 저 산
마을 연기, 가을 잎 진 길
흩날리는 가을 가랑잎
가랑, 가랑, 가랑 흩날리는 그리움
추수려, 추수려 이슥한
가을 턱 마루 밑
귀뚜라미 갈 곳 찾아
입실, 입실, 입실 기 입실
떼 지어 귀뚜라미 운다
휘적, 휘적 휘젓고 가는 갈바람
아, 자줏빛 가지꽃
발목 벗고 갈 수 없는 그리움
마음 거슬려 가는 입실역
철렁, 철렁 가슴 내려 꽂혀 앉은
가을 가슴 만나러간다
가을, 잎 진 그리움, 입실역 자줏빛
그리움 찾으러 간다

겹겹 허허벌판이 허물어지고 상가와 가게 음식점이 즐비해 있다.

옛 풍광은 가랑잎 흩날리는 그리움으로 날아갔다.

세계 1등 국민 철도 행복으로 가는 길, 안전에서 출발하세요. 현수막이 걸려있다.

신호역, 죽동역, 모화역처럼 가을 잎 진 그리움 자줏빛 굼과 그리움만 나풀거리고 있다. 야외쉼터 노란 점자선, 선로에는 잡초와 녹슨 철길단 철렁, 철렁 가슴에 내려 꽂힌다.

해바라기 고개를 내리고 시들시들 시들은 옛 추억 가을 잎 진 그리움 입실역, 겹겹 허허벌판 무너진 마음을 주우러 간다.

불국사역

뻘밭 가슴 지우려 산 벚꽃에 생살 몸 문지르러 갔다
마음벼락 맞으러, 마음 벼락 맞으러
서러운 눈물 절여, 절여,
김장 배추 소금물 절여 배추 잎, 덜 절인
설 푸른 몸으로 물 젖은 몸으로 돌아왔다

'석가는 어디 있나 석가탑으로 서 있네'

마음, 뻘밭은 썰물로 흘러갔다
불국사역,
네 그리운 등뼈만
바람 시리게 밀물로 밀려갔다한
오지랖도 못 덮고 가는 마음의
얼룩만 다보탑에 붙었다

동해 남부선에 서 있는 기차역. 동역과 동방역 사이에 서 있다.

예쁜 불국사역,

뻘밭 가슴 지우려 산 벚꽃에 생살 문지르러 불국사역 갔다.

'서러운 눈물, 절여, 절여' 김장 배추 소금물 절여, 배추잎 덜 절인 설 푸른 몸과 마음으로 물 젖은 몸으로 돌아오는 불국사역이다.

다보탑, 석가탑, 불국사역 네 그리운 등뼈만 바람 시리게 밀물로 다 내려가고 한 오지랖도 못 덮고 가는 삶의 얼룩만 다보탑에 붙어 있구나.

경주역

보름달 따라 쥐불 켜며 돌리 듯
행인 따라 경주 가는 길
마늘 촉, 촉 돋아나듯
왕릉 잔디 촉육쪽 마늘 촉 돋듯
생명 촉 튼다
남산 비켜 서 있다
남산 비켜 가다
보름달 쥐불 돌리듯
마음 불 켜고, 쥐불 돌리듯
화랑 술 취한 듯
시름겨운 삶을 털며 닿은 경주 역
천근 마음 풀어 놓다
천년 시간 풀어 놓다
과부 촌년 따라 가듯
여근곡 호박넝쿨 말리듯
겨운 삶 펴 말리다
더러는 후, 후, 불어보는
후, 후, 불어오는 마음으로
사방천리, 천년 따라
윗녘에 갈리는 유물들 따라 간다
마음 삭이며 들여다보는 마음 눈동자
천년 눈 뜨고 천년을 닦아 온 석불, 석불,
천년 미소 물 머금은 기와, 목 잘린 불상, 목 잘린 불상,
천년을 돌아가듯, 천년을 돌아누운 역
마파람 날리는 색동저고리

바람결에 날려 오는 연오랑 세오녀
오호, 천년이 한잔의 이슬이던가
오호 천년이 한잔의 화랑술이던가
하늘 물 푸른 천년이 열리는
잠꼬대 처럼 잠꼬대처럼 중얼거리며
노을 따라 찾아 간길
보름달 따라 행인 따라
쥐불놀이 하듯, 쥐불놀이 하듯
아하, 활활 타는 마음으로 닿은 경주 역
아, 아 천년을 살아온 경주여
아, 아 천년을 살아온 경주여

동해 남부선의 중간, 중앙선의 종점. 동해 남부선 경주역이다.

신라 천년 고도 1918년 보통역(협궤선)으로 영업을 시작한 역이다.

수학여행 젊은 소년 소녀들이 이제 장년이 되어 희망과 꿈을 펴 나르고 있다.

보름달, 쥐불, 왕릉, 화랑, 천년의 역사와 함께하는 곳 아, 아 천년을 살아온 경주여, 자전거 하이킹하는 사람들, 첨성대, 불국사, 천마총, 석빙고, 안압지, 선덕여왕, 줄줄이 터지는 경주 역사 문화유물 우리 모두 경주로 역사 유물 달빛을 만나러 가요.

천년을 불사른 우리 전통 고유의 문화.

목 잘린 불상 천년을 돌아누운 역 경주역이다.

나원역

나, 원하는 나한상(羅漢像)들이
즐비하게 서 있다.
나한상(羅漢像)들의 눈이
너무 뜨겁고 가까워,
정녕, 바라 볼 수 없는 천 년 전의 신라여,
마음 묶고 소리도 묶어
손짓, 발짓도 묶어버린 채 봉(封)해 두었다.
소금 절인 배추처럼
네 마음 푸들, 푸들, 시들어
숨죽인 채 나한상(羅漢像)
뒤를 돌아 나가다.
나 ,원하는 상처는 침묵의 나한상(羅漢像)
나한상(羅漢像) 되어
나원역 가면, 산을 숨긴,
산이 보이고 들을 숨긴,
들이 보이고 구슬픈 뻐꾸기 울음,
산 넘고 강 건너 불각증(不覺症) 내버리다.
이팝나무, 흰쌀을 내리는 죽음과 소생의
갈림길, 나원역에 가다. 네 몸에
삶의 껍질 벗기며, 새봄에 눈물 먹고
불쌍한 상처 버리고 나원역, 불빛 가장자리
나한상(羅漢像), 두 눈 뜨겁다.
뜨거운 욕망을 조신(操身)하며 나원역 가다.
나원역 가면 나 원하는 삶을 버리리라

천년 나한 노송, 오백 나한, 경주역과 청령역 사이에 경주시 현곡면에 있는 기차역이다. 빌딩과 도심을 지나 나원역이 서 있다.

역 앞 국도와 지방도 초량의 들판, 열차가 서지 않는 곳 인터넷 방송 기차와 소나무.

경주시의 아파트 단지가 보이고 동해 남부선, 청령, 사방, 안강, 여객 취급 중지 역 나원역에 가면 산을 숨긴 산이 보이고 들이 보이고 구슬픈 옛날 뻐꾸기 울음이 새봄에 눈물 먹고 뜨거운 욕망을 조신操身하며 찾아올 것 같은 역이다.

안강역

시방역에 만나 안강(安康)하신지,
나무도 가슴 아픈 말을 들으면
슬퍼서 아프다. 푸른 산처럼
든든하게 푸른별들, 저문 들길에서
만난다 하루가 저물 듯, 산골 물소리
저물었다. 짧게 부는 문풍지 바람,
죽음도 죽음만큼 안강(安康)하지 못하다
빈부귀천(貧富貴賤)이 어디서 나와
어디에 있느냐, 삶의 들녘길, 젖은 삶의 길에
목덜미 살갗을 더듬는 소멸(消滅)의
흔들리는 달빛, 안강역은 달빛을
편안히 안고 동해안에 누워 잠잔다
젖는 수묵(水墨)빛, 그리매 그리워
밤이 오고 아침이 가고, 다시 오는 밤
기러기 떼, 대숲 바람 타고 가듯
안강역, 산 넘어 기러기 떼 가다
강 넘어 기러기 떼로 안강역 가다

동해 남부선을 이용해서 경주에서 포항으로 갈 경우 그 중간에 자리 잡은 안강역.

안녕과 평안, 강녕을 빌고 싶은 안강.

벌 한 가운데 자리 잡은 기차역.

넓은 벌판 1959년 태풍 사라호가 경상도를 덮쳤을 때 가장 심한 피해를 입었던 곳이라고 한다. 죽음도 죽음만큼 안강하지 못한 곳 푸른 별들, 저문 들길에서 산 넘어 기러기 떼 안강역 가다.

안강역 달빛을 편안히 안고 동해안에 누워 잠자고 싶은 젖은 수묵빛 양동 미속마을, 옥산서원, 자전거 여행을 좋아하는 남녀, 젊은 사람들이 강 넘어 기러기 떼로 찾아든다.

괴동역

늦은 밤
천길, 벼랑길 떨어지듯
괴동선을 타고
괴동길, 깊은 바다를 안고 갑니다
철로는 어둠속에 숨었습니다
철로는 어둠속에 숨었습니다
바다꼬리가 보입니다
바다꼬리가 보입니다
밤늦어 네 눈물 보이잖고
희망은 캄캄한 밤에도
켜켜이 불 밝힙니다
여우비 숨을 멈추고
겹겹 바다 구비 속에
여우비는 깊이 숨었고
네 희망, 어둠속에 가벼워집니다
가도 가도 바다꼬리는
시간을 멈추지 않고
온몸이 바다로, 바다로
알몸으로 혼자 우는데,
온몸으로, 온몸으로 바라보는
초록 몸인 너, 괴동역에
늦은 밤, 사랑덩쿨풀이 몸 튼다
아직도 바다꼬리는 보이잖고
네 눈물만. 네 눈물만 괴동선 타고
괴동역을 넘어간다

네 마음 삶의 물이랑 굽이치며
네 마음 파도 타는 괴동역에서
괴동선을 따라 수평선을 만난다

1971년, 애초 건립시부터 화물취급 업무용으로 된 괴동역, 제철과 철의 화물 집합지 포항제철의 사유지역인가보다.

괴동역은 포항제철의 역사와 함께한다. 포항제철을 세울 때 세운 역으로 수동으로 선로를 바꾸고 있다.

괴동선 따라 바다 꼬리가 보인다.

밤늦어 네 눈물 보이잖고 희망은 캄캄한 밤에도 켜켜이 불 밝히고 있습니다.

괴동선을 따라 네 마음 파도 타는 수평선을 만나고 있습니다.

포항역

바다, 이렇게 소리 없이 울 줄이야,
북부 해수욕장,
송도, 해송(海松), 조각구름 가리고
나를 홀로 남겨둔 채
저 많은 고통과 번민들,
죽도시장, 전어회, 소주,
해는 벌써 저물고
삶의 어두운 밤과
저 많은 위험 속에서
검은머리물떼새,
흰죽지수리,
운명처럼 묵묵히 날고
슬픔이 꽉 차고
외롬이 꽉 차서
네 생명, 푸르거든 포항역 가자.
시, 그늘. 울음 푸르르면 포항역 가자.
알락해오라기, 삶의 알락, 달락
연잎 꿩의 다리,
근심 걱정 버리고 포항역 간다
시사랑, 네 소리 그리우면 포항역 간다.

포항, 바다, 북부해수욕장, 송도, 해송 조각구름, 죽도 사랑, 해는 벌써 저물고 갈 길은 먼 곳, 1918년 보통역(협궤선)으로 시작된 역이다.

슬픔이 꽉 차면, 외롬이 꽉 차면 네 생명 그리운 푸른 마음 푸르른 포항역 간다.

근심 걱정 버리고 시를 안고 푸른 시, 시사랑 네 소리 그리우면 포항역 가서 동해남부선 종착역 네 그리움을 펴서 말린다.

죽도 시장 소주, 전어, 새꽁치 안주 하면 벌써 해는 저물고 삶의 어두운 밤 운명처럼 묵묵히 날아오던 먼 파도소리 귓전에 맴돌고 있다.

건천(乾川)역

건천은 메마른 강물이 살았던가
산은 여근곡(女根谷)
눈길이 산으로 가 닿으니
산은 여근곡(女根谷)이 살고 있었구나
산을 적시는 강물이 구름과 함께 살고 있었으니
삶은 더욱 내면으로 돌아와
줄댕감나무꽃으로 초록빛 눈을 뜨고
바람소리 물소리로 산을 오르리
건천역에 옛 세월을 만나러
너의 목소리를 만나러 간다
응답할 수 없는 먼 거리
세월을 찍어 보낼 수 없는
너의 먼 거리, 너의 부름을
못내 못 잊어 건천역에서
희망 없이 그리움 없이 내리기로 했다
추억의 투망은 어디로 내려갔는가
사랑의 눈물이여
이별의 그리움과 아쉬움을
다짐하고 다짐했던 산 그림자에
그리움을 매달아 놓았으니
고향의 가을을 그리워하자
산을 적시는 그리움과
강물과 외로움이
산 그림자에 걸려 있으니
산을 적시는 강물과 구름이
함께 따라와 건천역에 내렸다

가을의 끝자락을 안고 건천역, 아화, 모량역 사이에 서 있다.

산은 여근곡 눈길이 산에 가 닿으면 여근곡이 보인다.

세월을 찍어 보낼 수 없는 너의 먼 거리 희망, 그리움, 추억, 투망, 이별, 그리움 아쉬움이 안긴 산자락에서 그리움과 강물 너의 목소리를 안는다. 차디찬 강물 너의 목소리를 안는다.

차디찬 입동의 바람이 건천, 건포 1리에 불어온다.

바람소리 고즈넉한 불빛이 안고 간다.

사랑의 눈물이여, 산을 적시는 강물과 구름이 함께 따라와 건천역에 내렸다.

너의 먼 자리 너의 부름을 못내 못 잊어 하는 건천역에서 다짐하고 다짐한 그리움을 산그늘에 매달아 놓았다.

임포역

가을걷이, 다 끝난 노을
낮달 바짝 바짝 껴안고
가을에 피는 가을꽃들
눈물 쪼아 거둬 가는 볏가리 짚단
돌 할매 돌에 불 지핀
북안면 가을 빈 들녘
가을 언덕, 울먹울먹
할매 돌 바위 가슴
얼레, 얼레, 억새 허리
가슴 속살 뒤흔들다
만불산 청동불상
가슴 속 탄 가슴, 눈물샘 오락가락
가을 새소리 이삭 여물고
신라 천년 우는 가슴
선 잠 깬 가을바다
보랏빛, 보리밭 가을 타는 임포역
햇무리 해 따라 눈부신 젊은 네 사랑
논두렁 밭두렁에 서 서 우는
사랑의 기도, 사랑의 노래
네 눈물 서, 서 네 삶의 네 희망을
희망기도, 기다림, 임포역에 서 있네

영천 북안면 임포리 이제 어떤 열차도 정착하지 않는 곳. 임포교라는 오래된 다리 가로수 터널, 저만치 끝자락에 소실점 같은 느낌이 드는 임포역이다.

수채화 같은 물상을 바라보며 자신의 마음을 비워낼 수 있고 비워내려고 하늘 마음 속에 물상들이 시적 모티브를 이루고 있다.

경주를 오가며 내렸던 그 역, 작고한 이경록 시인(1944~1977 경주출신. 자유시동인)생각이 난다.

영글어 가는 황금 들판 가을 새소리 이삭 여물고, 신라 천년 우는 가슴 선잠 깬 가을바다.

보랏빛 보리밭 가을 타는 임포역 햇무리 해 따라 눈부신 젊은 네 사랑, 네 눈물, 네 삶의 네 희망을 걸어둔다.

임포역 네 삶의 그리움이 묻어있기에.

영천역

영천, 임고서원
벼랑길, 논둑길
정몽주 단심가
허공 길, 하늘 길
끌고 가는 노계의 단가(短歌)
긴 물결 영원으로 이랑 지네
천년 묵은 영겁(永劫)을
꿈꾸다가, 와락, 와락
당겨드는 자양 댐
허공 안고 우니 영, 영
영원으로 앉을 옛사랑
영원 혼을 흔들고 지우랴
깨닫고 기우는 푸른 길
영천에 오면 눈 부빈 삶,
저녁 해 다시 오니
천년 묵은 영겁(永劫) 다시 새롭다.

영천역, 임고 서원, 정몽주 단심가 허공길, 노계 박인로의 큰가,

자양댐 급수탑 1937년 세워졌는데 한국전쟁 총탄자국이 뜨겁다.

2003년 등록문화재로 지정되었다.

영천에 오면 눈 부빈 삶, 저녁 해 다시 찾아올 듯 새롭다.

영천역은 중앙선과 대구선의 대표적 역이다.

육교를 사용하지 않고 철길을 건너는 통로가 부활한 중앙선 영천역 등록문화재 제 50호 영천역 급수탑, 증기 기관차에 사용했던 것으로 보이는 우물이 보인다.

야간 경관 조명으로 영천시.

밤하늘을 지키는 대지기로 서 있다.

영천역에서 눈 부빈 삶을 만진다.

북영천역

코스모스 길게 흐드러져
북녘으로 누워 흔들린다
허전한 옛 사랑 그 자리
사랑하였으므로 진정 일생을
코스모스 슬픈 네 얼굴 언저리에
비늘구름 걸렸다
조개구름 내리는
긴 이별의 이 길을 밟고
누가 타고 왔을까
푸른 별, 푸른 물
뚝, 뚝 져 내리는
저녁 하늘
먼 강물 넘치는 소리
먼 강둑 터지는 소리
임고, 화산, 화북 신녕에
귀 대고 있으면
영천 말 지나가는 소리
먼 길 가는 애틋한 길손의
노래 소리 들린다
쥐며느리풀에 부는 바람
살아 있기에, 살아 있기에
그리운 사랑, 외로운 네 사랑
그리움이 모여 서성거린다
길 위에 놓인 그 길
철로 위에 놓인 철로

찬이슬 찬 사랑에 젖고
허전한 모과나무 이파리
허전한 모과나무 이파리로 소멸消滅된다
허술한 삶에 내리는 풀벌레
귀뚜라미 갈빗대를
후려치는 가을 밤
북영천역
어둠을 걷우러 나 하나
나 하나 뿐 생각에 잠겨 있는
북영천역

중앙선과 영천 삼각선이 분기되는 위치에 있었던 북영천 신호장이 북영천역으로 되어 열차가 정지하고 2004년 무 배치 간이역으로 바뀌었다. 다인 산업으로 간판이 바뀌고 세콤 경비구역이 되었다.

화산 봉정 사이의 역 강릉 동대구역 무궁화호가 서는 곳,

옛날 코스모스 길게 흐드러져 북녘으로 누워 흔들리는 곳,

허전한 옛사랑,

그 자리 코스모스 네 얼굴 언저리에 비늘구름 걸렸다.

임고, 화산, 화북, 신녕, 영천말 지나가는 소리, 먼 길 가는 애틋한 길손의 노랫소리 들린다. 그리운 사랑 외로운 네 사랑 길 위에 놓인 그 길, 가을 귀뚜라미 갈빗대에서 우는 귀또리 소리.

북영천역 어둠을 걷어내고 있다.

중앙선

서울 청량리역과 경주역을 잇는 철도 노선이다. 현재 청량리 용문 구간은 수도권 전철의 일부를 구성하고 있다 경부선에 이은 제2의 종관선으로 일제 강점기 한반도 만주 등의 지하자원 수탈 만주-조선-일본 간 여객 화물의 원활한 수송을 목적으로 건설되었다고 한다.

중앙본선, 경경선으로 일컬어지며 안동역은 중앙선 영동선을 직결 운행하는 열차가 정차하는 역이다. 청량리에서 오는 열차 대부분이 안동역에 시 종착하는 역이다. 안동역, 무릉역, 운산역 의성역을 쫓아간다.

청산을 따라 벽수를 따라 목숨의 슬프고 애잔한 풍류를 한으로 산, 강, 바다. 달, 송림 ,별들과 포옹하는 무릉도원 무릉역 구름을 껴안고 산을 껴안고 의성 마늘 사랑을 적시는 평원, 들판 논두렁 밭두렁 아하, 달의 숨소리 별들의 속삭임을 안고 중앙선은 산의 속살을 만지며 청산 벽수를 껴안고 중앙선은 푸른 산 푸른 강 푸른 달 푸른 별을 안고 간다.

의성역

마늘쫑 따기
마늘쫑 널린 소금밭덩어리다
아홉 봉우리,
여섯 개 굽이 육곡수가 돌고 돈다
작약꽃밭이다
작약꽃밭이다
빙혈에 피는 피꽃이다
고려파초무늬동경이 들꽃처럼 피었다
비로자나불 삼불불선각이
바라, 범종으로 소리친다
고운사가운루 석조석가여래좌상
만취당 만취꽃으로 폈다
소문국에서 의성으로 바라친다
마늘쫑따기,
빙혈에도 피꽃, 작약꽃 핀다
의성역은 작약꽃으로 폈다
숫염소뿔빛으로 서 있다
숫염소뿔빛으로 서 있다

의성읍 후죽리에 위치한 역, 삼한시대 부족국가 조문국의 흔적이 살아 숨쉬는 곳, 의성 금성산 고분군이 젖무덤처럼 40여기 고분이 있다.

마늘종처럼 널린 어머니 젖가슴처럼 포근한 의성역이다.

역사를 젖무덤처럼 안고 젖가슴처럼 고운사, 만취당, 소문국, 의성에 가면 숫염소뿔빛으로 피고 있는 작약꽃.

붉은 역사가 붉은 황혼빛으로 서 있다. 의성역.

작약꽃 붉은 역사의 흔적이 붉게 피는 피 꽃.

작약꽃 숫염소 뿔빛으로 서 있는 의성역에서 숫염소 뿔 빛

그리운 역사의 흔적을 더듬다. 역사는 범종으로 소리쳐 운다.

의성역에서 구봉산 가는 하늘을 본다.

운산역

영변 약산 진달래꽃 꺾어,
진달래꽃 꺾어 진달래꽃 꺾어
적유령 병풍 타고 용산 넘어 왔네
아침 안개꽃 안개빛 물안개
소나무 밑동 휘감고 첩첩, 첩첩
겹겹, 겹겹 쌓이네 풀리네
소나무 밑동 휘감고 우네
동강, 동강, 동강, 잘려 나간
키 넘고 산 넘고 물 건너
구름 첩첩 산 첩첩 물 겹겹
운산, 운산 구름 속에 쌓였네
구름 속에 감겼네 구름 속에 휘감겼네
구름 겹친 입 다물고 가는
입 꽉 꽉 다물고 가는 시름 진 그늘에
진달래 꽃눈 붉었네, 진달래 꽃눈 푸르렀네
꽃들은 울기 전 가슴부터 먼저 터졌네
울음부터 터졌네 울음부터 터졌네
운산 가면 화장 하고 운산 소나무 화장 하고
네 눈에 젖은 네 눈에 젖는 영변 약산 진달래꽃
영변 약산 진달래꽃 구름 속에 터졌네
가슴속에 터졌네, 가슴속에 터졌네,
적유령 병풍 속에 터진 꽃눈, 꽃눈
꽃가지에 걸렸네, 꽃가지에 걸렸네
꽃물, 꽃몸 꽃몸 꽃진 젖가슴
꽃 진 젖빛 가지에 걸렸네,

꽃 진 젖빛 가지에 걸렸네,
고요히 눈 감고 고요히 가슴 열고
진달래꽃 빛 네 가슴에 붉었네,
운산역 가슴 붉었네,
진달래 꽃빛 물같네 진달래꽃빛 불같네
운산역 가슴 진달래꽃으로 붉었네,
진달래꽃으로 지네

안동 일직면 운산리에 위치한 역 운산장 귀미장이라 부르던 곳,

석현 터널을 지나고 파밭을 지나 화물 운송만 이루어지는 곳,

60, 70년대 통학생들로 북적였던 곳. 80년대 초까지 붐볐던 곳,

용각-어담, 귀미-구계 등에서 오가던 사람들, 의성 고운사 가는 사람들, 운산에는 조선시대 역이 있었다고 한다.

추억을 영변 약산 진달래꽃 꺾어 놓겠다.

운산, 운산, 구름 속에 쌓여 있는 운산 소나무 가슴 속에 터졌네 적유령 병풍 속 진달래꽃 빛 물들면 운산역 가슴 붉겠다.

진달래꽃 빛 같은 운산역 구름 속에 안개꽃 물안개 진달래꽃으로 서 있는 운산역 운산역마저 가슴이 붉었네.

무릉역

늙은 구름 빛, 천도복숭아 빛 해가 저물면
너는 눈물 속으로 떠날 것이다.
눈물자국 얼룩이 푸르고 붉다.
사랑하던 사람들이 산을 떠났다
낡고 병든 옛 마음이 옛 집에 머물다.
빈 저녁, 빈 하늘 몸 빈 기러기 떼
먼 산이 빈 마음에 내려앉는다
늙은 어머니 천도복숭아 빛긴 해가 저물다
먼 산이 자꾸 따라와 말 말발굽자석처럼 따라와
 빈 마음에 내려 걸려와 내려앉네

경북 안동시 남후면 무릉 1리에 위치한 중앙선의 역. 그 옛날 석탄, 백탄 떠면서 빽, 빽 울면서 오르던 무릉역, 길섶 동그라하니 서 있는 무릉역.

늙은 구름 빛을 뒤에 두고 천도복숭아 빛 해가 저물면 눈물 속으로 떠나는 큰길, 작은 길, 잃어버린 눈물자국 얼룩이 푸르고 붉다. 사랑하던 사람들이 산을 떠나고, 낡고 병든 옛 마음만 옛집에 머물다.

빈 저녁, 빈 하늘, 몸 빈 기러기 떼만 먼 산에 내려앉는다.

늙은 어머니 같은 고향역.

먼 산이 빈 마음으로 내려앉는 무릉역, 천도복숭아빛 긴 해가 저물어 내려앉는 무릉역. 말, 말발굽 자석처럼 따라온 빈 마음 내려 걸어와 내려앉은 무릉역이다.

안동역

천년을 안동포처럼 흘러 왔구나
천년의 숨결은 천리만리
낙동강 안고 왔구나.
바람도 드러눕고 동쪽은
해 뜨는 곳이구나
에덴의 동쪽이었구나
동녘, 동쪽, 동해, 모두 편안 하구나
안동포, 안동소주, 안동식혜,
안동간고등어 소금빛이구나
꽃다운 삶이 구겨져도 푸르다.
네 삶을 봉헌(奉獻)하다.
하회탈춤, 물도리동, 병산서원,
청량산, 도산서원, 금탑봉,
안동은 보살혼이다
박하꽃 피는 청량한 네 마음만
도산문 솔내음 난다. 솔내음 속에 산다
흙이 되고 물이 되는 자연성,
빛나는 선비촌은 천년을 살아 더욱 푸르고
풍산개, 목소리 굵은 풍산을 지키고
사람이 하늘. 하늘이 사람,
억겁 세월 속에 사람은 선비이니
사람이 되었으니, 천년의 하늬바람이
안동역에 살고 있으니 침묵 속에 솔은
천년을 살아 더욱 푸르고 안동역은
빛을 품고 마음을 품고 적막의 눈빛을 그리워하다

안동, 청량산의 청량, 산새가 울고
산새가 청솔을 그리워하고 청송(靑松)은
산새를 그리워하다. 산새가 운다

안동역 1940년 설치된 역으로 급수탑 십이 각형의 구조물로 등록문화재로 지정된 역이다.

오 층 전 탑, 천 년을 안동포처럼 흘러왔구나, 낙동강을 안고, 천 년의 숨결, 천리만리 바람도 드러눕고 동쪽 해 뜨는 곳.

안동포, 안동 소주, 안동식혜, 안동 간고등어, 안동역에 오면 꽃다운 삶이 구겨진 이순耳順, 안동 간고등어 등 푸른 바다가 보인다.

꽃다운 삶이 구겨져도 푸르게 다시 살아나는 안동역에서 산새가 청솔을 그리워하고 산새가 운다.

빛을 품고 마음을 품고 적막의 눈빛을 그리워하는 선비촌은 천년을 살아 더욱 푸르고 솔내음 속에 살아 푸르게 서 있는 안동역이다.

마사역

달빛 젖은, 닻무늬 길 압잡이 느시,느시 따라
물부추, 털개불알꽃 속삭이는
절박함이다. 물로 지워도 지워 지지 않는
네 꿈의 봄밤을,
앞산에 기생꽃, 뒷산에 홍월초
어둑 어둑 철로 길은 검은 말(馬),
말 고삐 비트는 손놀림.
이팝나무 이팝꽃이
밤 사이 산을 덮어 하얗다.
사랑을 위하여 사랑을 버리면서
사랑 곁에 누워 사랑이 그립다.
저녁놀, 산 엉덩이에 걸친
우주(宇宙)의 모서리,
증오 하지 마라.
사랑을 버리지 마라.
시기 하지 마라.
미선나무 몸 틀지 마라.
뒤로 가는 시간, 과거로 가는 길은 앞날이 멀다.
삶이 육체를 지배하듯,
네 몸의 전체로 와서
산을 오르듯 마사역, 닻무늬 길 앞잡이
삶의 오묘한 신비, 감격, 눈물겨워라
마사역, 삶의 깊이와 무게로 내려지고
만져지는 우주(宇宙)의 이미지들을,

옹천 마서골,

산간 마을 마른 흙길 콘크리트 침목으로 만든 마사역.

플랫폼. 달빛 젖는 마사역. 저녁놀.

앞산 뒷산의 꽃들 어둑어둑 철로 길은 검은 말,

말고삐 비트는 손놀림 마사역, 안개 너무 많다.

인적 드문 달빛 젖는 달무늬 산을 오르듯 마사역

삶의 깊이와 무게로 내려지고 만져지는 우주의 이미지처럼 마사역은 저녁놀,

산 엉덩이에 걸친 우주의 모서리처럼 삶의 오묘한 신비. 감격 눈물겨운 삶의 깊이 무게로 내려진다.

옹천역

뱀 같은 길,
뱀 같은 철로길
수없이 무너지고 쌓이는
낯선 간이역,
저녁바람, 흑기러기
몸 간질이 듯
나락 고개 숙이는
삶의 만신창이,
초저녁별, 솔개로 날고
옹갈차게 삶을 다지던
네 삶의 무너짐.
죽음의 끝,
삶의 깃털,
꿈의 깃털이 날려 가는가
아쉬운 삶의 부스러기
기차표처럼 던져지고
후회 없이 살아라.
젊은 날, 꾸던 꿈 이루지 못하고
뜯긴 꿈, 바람은 기차 시간표처럼
이승의 삶을 몰고 와
새벽과 저녁, 이승의 끝을 만지다
옹천역, 삶의 명상이 깨어지다.
옹기로 하늘을 담고, 하늘을 안고
들판, 푸른 꿈이 엉기다.
푸른 네 삶의 응혈이 안기다.

기찻길, 뱀 같은 길, 뱀 같은 철로 갈 수 없이 무너지고 쌓이는 간이역,

저녁바람 흑기러기, 몸 간질이듯 나락 고개 숙이는 초저녁별, 가을 전경 국화꽃, 메밀꽃 솟대, 돌탑, 해바라기, 메리골드 가을을 안고 가는 옹천역.

저녁바람 가을바람이 학가산에서 불어온다.

들판, 푸른 희망 꿈이 엉기는 푸른 네 삶의 응혈이 안기는

옹천역에서 삶의 부스러기 국화꽃으로 날려가는 젊은 날 꾸던 꿈이 이승의 삶을 몰고 오는 옹천역이다.

평은역

마음 평온하여 썩지 않고
선하게 살아가는
네 손과 혀와 입술을,
네 살갗의 그리운 몸짓까지도
육신의 아픔까지도 까맣게 잊고
하얗게 떠오르는 물달개비
물수리에 재앙이 없기를
더욱 삶이 황폐하지 않기를
달맞이꽃은 네 슬픔 모두 보듬고
기억과 추억의 저편,
강의 적막과 고요
삶이 저무는 이승의 달빛
한웅큼 안고 실려 가누나
이승의 속마음을 파헤쳐 보다.
평은역, 새벽기차는 평온한
잠 깨어, 네 속마음을 어루만지며
철로 길에 웅크린 세뿔투구꽃,
큰말똥가리 날다.
지금 네 마음 평온하여
평은역 가는 게 아니다.
미선나무 섭섭한 바람을 잡으러
네 마음 호들갑으로 몸 틀다. 호박꽃잎에
평은역, 노란추억제가 걸렸다

옛날 제임스딘의 영화 '에덴의 동쪽' 한국드라마 에덴의 동쪽 촬영지로 잘 알려진 평은역.

지금은 시멘트, 철도 수송이라는 화물열차가 정차하는 곳.

청정한 과일과 채소가 잘 열리는 곳.

마음 평온하여 썩지 않고 선하게 살아가는 네 살갗의 그리운 몸짓까지

평온하게 평은역에 가 닿다.

노란 추억제처럼 노란 추억제로 걸려 있는 드라마 '황지역'으로 일컬어 지기도 한, 역에는 달맞이꽃이 네 슬픔 평온하게 평온하게 내리는 역.

골재채취로 산은 노란 몸, 산의 벌거숭이가 노랗게 걸려 있다.

산의 노란 추억제, 평온하여라.

문수역

해 뜨고 해 지기 전
문수보살 앞에 엎드려 빌다
외롭지 않게, 아프지 않게
살게 해 달라고
수양버들 가지 휘날리듯
휘청 휘청 살게 해달라고
문수역에 가면
오는 봄비 멈출 수 없다
삶을 엮은 구석 공터에
해는 지더라, 달은 지더라
별과 함께 따라 나선 문수 역
네 이름 보살이래두
외로움은 외로움 마찬가지다
외로움에 걸려 넘어진 삶도
그리움에 걸려 넘어진 죽음도
이제 모두 아침(床)머리 둘러앉은
상추 잎, 열무김치
싱, 싱, 푸른 그리움이다
늙은 젖가슴, 야윈 손마디
삶의 그늘에 다시 가리어도
너의 손잡고 문수역에 가면
이승과 저승의 폭포와 바람을 만난다
고통과 상처를 낫게 해 달라
문수역에 가면
삶과 세월과 눈물에 대하여

언설(言說)하지 마라
사랑과 웃음이 한 고개 넘어 가는
함박 꽃 나무로 피게 하라
박꽃으로 피게 하라
너를 사랑하고 이마 마주 부치며
살갖 그리운 하늘 만치 한 사랑이 살게 하라
문수역에는
그리움과 외로움이 함께 걸려 시름 짓고 섰다
사랑과 웃음이 함박나무 꽃에 걸려
함박, 함박, 허 ,허, 허, 허, 허 웃고 섰다

지금은 기차가 교행할 때에만 서는 곳, 경북 영주시 둔수면 적동리에 서 있는 문수역.

해 뜨고 해지기 전 문수보살에 엎드려 비는 마음으로 외롭지 않게 아프지 않게 살게 해 달라고 수양 버들가지 휘날리듯 휘청휘청 흔들리는 마음 잎 둔수역 간다.

삶을 엮은 해질 녘의 문수역, 봄비 멈출 수 없는 공터에도 해는 지더라.

흙냄새 묻어나는 역이다.

플랫폼에 설치된 콘크리트 침목 벤치 싱, 싱 푸른 그리움이 이승과 저승 바람을 만나듯,

함박나무꽃에 걸려 허, 허, 허 웃으며 삶의 그늘 고통과 상처를 낮게 해 달라 살갖 그리운 마음으로 푸른 하늘, 문수역으로 간다.

영주역

산이 푸른 산이 태백준령 안고
산 하나 다시 안고 서 있는 부석사
무량수전(無量壽殿),
찬 물소리, 찬 돌을 안고
찬 돌을 들고 앉은 영주의 초겨울
부석사(浮石寺),
조상전 뒤뜰,
의상대사, 막대기가
대죽되어 푸르다.
잠든 돌이 물에 떠 있다
돌에 실핏줄이 돈다
하늘로, 하늘로 가는
서천(西天), 부처는
상처투성이, 이승의 한켠에
그리움으로 몸 태우고 있다
타고 있다. 빈 몸, 하나 어이해
빈 몸 하나 어디다 둘까
영주역, 서녘으로 자꾸만 가는
하늘 풍경, 돌이 물에 뜨고
서천(西天)으로 가는 이승의 상처는
영주역, 몸 풀고 몸 푸르다
영주역에 몸 푸르른 새 몸이 된다
푸른 산에 푸른 피가 돈다
이승의 아름다운 꽃들은
영주역에 산다. 단풍도 푸르다

푸른 피가 살아 도는 영주역에,
진홍빛 동백꽃이 피었다
네 사랑 피어나는 영주역에서
네 사랑 피고 지는 영주역에서

태백의 준령을 안고 가면 따뜻한 동화가 있는 역, 찬물소리 찬 돌을 안고 부석사. 조상전 의성대사, 대죽으로 푸른 그리움이 모여 사는 곳이다.

또 다른 삶의 희망을 기다리며 영주역, 무량수전, 부석사.

이승의 아름다운 꽃들이 피고 지며 네 사랑 피고 지는 영주역에서

맨몸 하나 푸른 기차를 타고 중앙선, 선비촌의 아름다운 고장,

전통문화의 은은함이 동백꽃으로 물드는 영주역이다.

희방사역

희방역에서 희망, 희망이라
서서 불러본다. 당신의 눈빛으로
당신의 두 눈빛과 당신의 두 손이
간직한 눈물 두 웅큼에 수련 꽃이 피었다
수련 꽃을 보았다 희방사역에서
당신을 사랑하겠노라,
죽어서도 당신을 사랑하겠노라
먼 바다를 바라보면서
당신의 눈물에 젖지 않으려고
내 젖지 않으려고 몸부림치다가
까치가 되어 까마귀가 되어
세월을 잊으려고 속타 왔겠네
희방사역에서 희방폭포
흰폭포의 흰 눈물이 되어
폭포처럼 그리움이 폭포되었네
희방사역에서 당신을 그리워하며
두 손을 모으겠네 두 손을 모으네
삼천 배, 백팔번뇌 끌어안고
이승과 저승을 오가며
내 사랑 묵언정진(默言精進)
내 사랑 사리(舍利)로 엮어
수련 꽃 피는 물 그늘 수련 꽃 피는
수련 꽃그늘에 걸어두겠네
이대로 희방사역에서 당신 그리워
당신 사리(舍利)로 먼 바다가 되겠네
당신 사리(舍利)로 먼 바다가 되겠네

희방사역이 소백산역으로 이름이 바뀌었다.

1942년 4월 1일 간이역으로 개통되어 1951년 4월11일 영업 개시한 소백산 국립공원 내에 위치한 보통역으로 희방사 옛길이 복원되어 열차에 내리면 죽령길 높은 옛 과거 길 풀 향기 그윽한 역이다.

희방사역-희방폭포-희방사-천문대 연화봉 정상까지 가는 등산로가 있다.

희방사역, 희방폭포, 흰 폭포의 흰 눈물이 되어 두 손을 모으고 가는 내 사랑.

묵언 정진, 이승과 저승을 오가는 꽃향기 연꽃 수련꽃,

겨울 흰 눈을 끌어안고 가는 이승의 끝간데 기천氣天의 힘이 솟아오르는 희방사역에서 백팔번뇌 끌어안고 먼 사리 빛 바다를 안고 가는 역이다.

단양역

목 메이는 단풍나무 아래
네가 섰다. 대나무싸리 회초리
달밤의 단풍 나무잎,
개밥별, 소리 없이 떴다
눈물이 어찌 돌이 되었나
서 서, 먼 들녘 눈감고
눈물 두고 죽령 넘어 왔다
서정시(抒情詩)로 단양에 가 닿았다
감성(感性)은 삶속에 버려져 있었다
외기러기떼 끼르르륵, 끼르르르륵,
뜨륵,뜨르르륵, 뜨르르륵, 뜨륵,
단양 풀벌레 소리,
단풍이 가을 바다가 되었다
단풍이 바다가 되는 단양역에서
목이 메이는 단풍나무처럼
나도 붉게 서 있다
나도 사슴뿔빛 노을로 서 있다

단양역. 중앙선에 있는 기차역으로 도담역과 단성역 사이에 있다.

도담산봉에 목 메이는 단풍나무, 개밥별도 소리없이 떴다.

서, 서 먼 들녘 눈 감고 눈물 두고 죽령길 넘어왔다.

칙칙폭폭, 칙칙폭폭 우는 그 옛날 기차소리를 '가슴에는 열정을 고객에겐 행복을!' 이란 현수막이 보인다.

단양, 풀벌레소리, 희방폭포의 흰 눈물이 따라온 것일까,

고수동굴, 도담삼봉, 장회나루, 역목에 나팔꽃, 현북교 그추밭, 농작물 호수

도시 단양역 사슴뿔빛 노을로 서 있다.

나도 붉게 서 있다. 단양역 목 메이는 단풍나무, 단양역 달밤 달빛 따라 서 있는 역이다.

도담역

막 기차를 타고 담담하게
깊은 고요 안고, 네 마음 잠기는 늦밤,
천길, 만길 떨어지는 낭떠러지,
도반(道伴)은 잠들고
도담(道談)도 식었다.
마음은 저 먼곳 깜깜한 곳을
헤매고 깜깜한 밤의 저편
이승의 정거장에서 너를 만나고
까막닥다구리 옷 벗고 잠드는 밤,
초록 나이테, 슬픔의 긴 강을 쌓고
이 벌판, 저 벌판 넘어가는
소슬바람도 몸 춥다. 달빛도 몸 굽어
어둠이 내쳐 숨었고 시간을 함부로
내다 버리지 말아라. 간절했고 간절턴
네 삶의 소망은 소멸하고
상처투성이, 온통 네 몸속에,
도담역, 도란도란 속삭이는 샘물 같이,
굽어가는 네 생명 같이,
다스운 온기, 돌에 피와 생명이 돌고
낯선 보살, 눈웃음에 돌문 실눈 뜬다
두려움 없는 삶이거늘, 피와 눈물,
가슴 한가운데 심지마라.
도담역 막 기차 지나가는 소리,
깊은 고요 갈앉는다. 네 사랑 도솔천위,
낭떠러지에 구르고 있다.
네 사랑, 도담역 도란, 도란 잠들고 있다

지금은 텅 빈 화차뿐,

막 기차를 타고 담담하게 깊은 고요 안고 네 마음 잠기는 늦밤,

천길만길 떨어지는 낭떠러지, 초기 역명은 매포역이었다.

도담삼봉마저 물에 허우적 될 듯한 도담역.

도담역 앞에 드넓은 자갈밭, 도담역이 지어져 있다.

도담역전 자갈광장 헤매고 헤매이는 깜깜한 밤의 저편,

이승의 정거장에서 너를 만나고 소슬바람 춥다.

도담역 막 기차 이제 텅 빈 화차만 지나갈 뿐 도란도란 잠들고 가는 네 사랑,

막기차를 타고 담담하게 서 있는 도담역이다.

제천역

희망은 모여 앉아 제 각각
하늘에 제(祭)를 지내는 줄 알았다.
봉양, 입석리, 공전, 고명역들이
모이는 하늘역이다.
하늘 지붕이다. 강원도, 경기도,
충청도 가는 중심선이다.
희망은 제 각각, 가슴 비운 사람들 끼리
삶의 아픔과 외로움을 달래는 것이다.
삶의 그리움을 버리는 것일까
삶의 아픔을 버리는 것일까.
저 희망과 그리움의 발원지(發源地),
삶의 발원지(發源地)는
하늘에 있으니, 저 하늘에 있으니
사랑과 희망은 형제다.
제천역, 대나무 숲을 모은
청정한 숲이다. 죽죽선녀(竹竹仙女)
푸른 영혼, 푸른 희망, 선남선녀(善男善女)
무욕(無慾)의 옷고름, 풀어놓고
푸른 하늘에 제(祭)를 지내러 갔을까
천년, 만년, 하늘가는 물소리.
하늘 허리띠, 푸른 산 첩첩, 물겹겹,
하늘로 가고 있으니 바람도 지쳐
어디 무욕(無慾)의 강, 오십천 내린
물소리로 섰는가. 천년, 만년,
하늘의 희망 찾아 가고 있으니

목탁소리, 묵주알, 저 푸른 하늘
푸르게 걸려 있으니 제천역,
네 하늘희망, 네 하늘 꿈, 네 하늘 꽃,
하늘말나리꽃으로 피고 있으니,
하늘말나리꽃으로 피고 있으니.

중앙선에서 태백선이 분기하는 역.

박달재 고개 박달 도령과 금봉낭자의 슬픈 이야기, 박달재 고개에 희망이 모여 산다.

하늘역, 하늘 지붕, 푸른 영혼, 푸른하늘 무욕으로 가는 길,

청정한 숲길로 가듯 제천은 충청도 중심선이다.

사랑과 희망, 하늘 허리띠를 두르듯 푸른산 첩첩, 물겹겹 하늘로 가고 있다.

나뭇잎들 그리운 마음 푸른영혼, 푸른 희망 그리움의 발원지처럼 그리운 곳 제천역.

하늘역으로 가는 물소리 들리는 곳 제천역. 하늘말나리꽃,

하늘 말나리꽃으로 피고 지는 곳 가슴 비운 사람들끼리 코여 삶의 아픔과 그리움 외로움을 달래며 가는 역이다.

치악역

떼까마귀떼, 눈물 까치울에 뿌렸다
헛기침, 헛폼으로 울고 가는 까치 떼들일까,
천식으로 천천히 울고 가는 까마귀 떼들일까,
이승은 까맣게 맹인, 눈멀다.
사랑 굿을 내리칠까,
씻김굿을 내리칠까,
천둥을 내리칠까,
환장하는 네 삶의 마음 모두 꾸려라.
무거운 짐 모두 꾸려라,
무거운 짐 모두 내려라,
무거운 짐 모두 벗어라,
펭귄 양복 걸치고
바다, 바위에 가서
무작정 그리움에 메여 목매달자.
죽자, 살자 삶의 짐 꾸려 내 가자.
들숨, 날숨, 낮게 살갗에 뿌려 내쉬고
사람의 꽃으로 서자
사람의 꽃으로 서자.

치악역은 원주시 탄부면 금대 3리에 위치한 중앙선역 1956년 역을 열었으며 역무원이 있는 역이다.

석탄 열차 느리게 지나가고 이따금 무궁화 기적소리 특유의 교각에 치악역의 상징처럼 금교, 반곡 방면 신림역 방면에 화물열차가 진입중이다.

치악역 전후한 또아리굴이 보이며 가장 높은 철교 길아전 철교가 치악역을 전후하며 통과하는 어려운 코스다.

역 뒤로 대성암이 보이고 무거운 삶의 짐 벗어 놓아라 한다. 죽자, 살자 삶의 짐 꾸려 내려가자 들숨, 날숨 낮게 살갗에 뿌려 내쉬고 사람의 꽃으로 서 있자.

들숨, 날숨, 향기로운 삶, 사람의 꽃으로 서 있는 살까치 같은 치악역,

치악역 무거운 삶 내려놓자.

사람의 꽃으로 서 있자 치악역에서….

반곡역

산과 바다를 반쯤 가슴에
품어온 바다는 곡(哭)을하며
반곡(半哭)을 하며
무너져 내리는 만상(萬象)을 펼쳐낸다.
돌은 죽어서 무엇이 되는가.
네 허허한 몇 만 번의 삶을 살아왔는가
마음이 마음을 견디지 못하고
운명이 또 한 번 운명을 이기지 못하고
반곡(半哭),반곡(半哭)을 하며
꿈결처럼 흔들리며 가다.
숨죽여 가는 침묵(沈默)의 나날들이여
저녁검은머리물떼새,
이승의 번뇌를 씻고 가다.
너의 마음도 붙잡아 두고
펼쳐진 시간, 우주 밖으로
산자락, 네 마음 일어서다.
산자락, 네 마음 일어서다.
산자락에 붙어 울던 네 간절한 기도,
두 손을 모으며 가다. 두 손을 모으며 가다
저 붉은 젖가슴에 굿거리장단
바람을 즈려 밟고, 바람을 즈려 밟고
소리 내어 물길을 열고 가다. 네 마음
네 소리를 열며 반곡역 반곡(半哭)으로
가슴 풀고, 가슴 열고 반곡역 가다.

반곡역사(선로 쪽) 반곡역은 중앙선의 철도역.

일제강점기 말 소규모 지방역사의 분위기를 잘 간직하고 있다.

한국전쟁 당시 격전지였다.

지금은 근대 문화재로 지정되어 산과 바다를 반쯤 가슴에 품어온 바다는 곡을 하며 반곡을 하며 무너져 내리는 만상을 펼쳐낸다.

허허한 몇 만 번의 삶을 마음이 마음을 견디지 못하고 산자락에 붙어 울던 네 간절한 기도, 두 손을 모으며 간다. 두 손을 모으며 간다. 반곡역,

가슴 풀고 가슴을 풀고 반곡역 간다.

만종역

산이 깊어지니
절 종소리 깊어지더라
치악산 가는 길
깊어져 저녁 저물고 있더라
풀벌레 소리 깊어져
가슴 풀고 울고 있네
저녁 공양(供養) 마친 후
달이 훤해, 달빛이 훤해
얼굴 닦고, 들판을 적시는 초록빛
빛의 상처가 억새풀 뒤에 숨었다
철둑길 하얀 수기(手旗)
저녁 만종(晩鐘)이 울었다
달무리, 별무리 속절없이
내리는 잔물결, 등대시호풀 뜯던
저녁 새떼의 울음도, 잿마루
타고 넘던 저문 사랑도
저녁 종소리에 묻혀 갔으리니
저 대문 두드리는 작은 종소리
달밤의 나뭇잎처럼 내리고 있더라

강원도 원주시 호저면 만종리 평화로운 들판,

들판 뒤로 유류취급 역으로 특화된 곳, 양옆 민가들이 만종역을 에워싸고 있다.

영동고속도로와 중앙고속도로가 교차하는 곳,

여객 열차가 서지 않는 곳, 고속도로의 화려한 빛 속에 어두워지는 만종역.

산이 깊어지니 절 소리, 종소리 깊어지더라. 치악산 가는 길 그 옛날 철둑 길 하얀 수기 저녁 만종이 울었다.

저녁 새떼의 울음도 잿마루 타고 넘던 저문 사랑도 저녁 종소리에 묻혀 갔으리니

삶의 무거운 그림자로 내리고 있는 만종역.

그림자 짙은 어둠이 내리고 있다.

구둔역

고향집은 고향집
고향집 저녁은 고향집 저녁
뒷담에 봉선화 만발 벌어
맨드라미 뒷 노을 곁
저녁상에 앉은키 낮은 콩나물
취치나물, 두릅나물 마늘밭에
키 큰 싱거운 갈대
가을 풀잎은 초승달에 몸 비우랴
낡고 오래 기운 집
낡고 오랜 손 때 긴 사유(思惟)
공간과 삶의 한계(限界)
마음도 없이 넋도 없이
나무에 잠드는 수목장(樹木葬)
잠 이루지 못하는 구둔역의 상수리나무
구둔, 구둔한 구들목 고향집
고향 밤, 밤나무에 달빛은
달밤은 몸 얹었다
헤아릴 수 없는 상처를 비추는 풀벌레
그림자, 어두운 가을, 가을 달밤
밤의 어둠을 껴안고 구둔역은 구둔, 구둔
말긋 말긋한 두 눈을 뜨고
구둔역은 지천(至賤)으로, 지천(至賤)으로
피고 지는 고향 나무 이파리 낙엽을 쓸어내리고 있다
고향 나무 가랑잎을 구둔, 구둔 쓸고 있다

서울에서 한 시간 20분대 거리 1940년대 구둔 마을 중순에

커다란 향나무처럼 구둔역이 서 있다. 양평의 공간 구둔역 대한민국 근대 문화유산 2006년 12월 4일 등록문화재로 지정된 아름다운 간이역.

빛바랜 세월, 그 자리를 지킨 고향집.

고향집 저녁. 공간과 삶의 한계를 마음도 넋도 나무에 잠드는 수목장,

고향 밤, 달빛 달밤에 몸 얹었다.

말긋말긋한 두 눈을 뜨고 구둔역은 지천으로, 지천으로 피고 지는 고향나무 가랑잎, 구둔, 구둔역을 쓸고 있다.

지평역

지평에 산탄처럼 내리는
싸락눈
싸락눈 속에
지평은 평등하다
참빗에 펼쳐내는
비듬 같은 삶의 살 이끼
이제 죄악처럼 뿌려지는
이제 죄악처럼 뿌려지는
싸락눈을 열고
지평 역 찾았던 어린 시절
싸리비 빗자루 같은
싸리문을 열고
저녁하늘
기러기는 지평 역
야간열차에 박혀 있구나
산탄꽃처럼
싸락눈처럼
저녁하늘 지는 해처럼
서있구나
지평역은
산탄처럼 내리는 싸락눈에
외로이 서 있구나

지평역, 용문서 지평으로 넘어오니 번잡한 세속은 멀어지고 시골 분위기를 자아낸다. 지제면에서 지평면으로 명칭이 바뀌었다고 한다.

용문-지평-석불-구둔역을 경유한다.

제천 이남은 물론 원주지역까지 가려면 지평역을 지나간다.

지평에 산탄처럼 내리는 싸락눈. 싸락눈 속에 지평은 평등하다.

기러기는 지평역 야간열차에 박혀 있듯 산탄 꽃처럼 싸락눈처럼

저녁 하늘 지는 해처럼 서 있다.

산탄처럼 내리는 싸락눈에 외로이 서 있는 지평역,

저녁 하늘 지는 해처럼 서 있다.

양평역

우리가 누구의 희망이 되겠는가
우리가 누구의 삶이 되겠는가
우리가 누구의 삶의 그림자가 되겠는가
우리가 누구의 사랑이 다시 되겠는가
파도가 오면 파도가 되겠는가
물새가 나르면 물새가 되겠는가
우리가 누구의 죽음이 되겠는가
죽음의 잔광(殘光)이 되겠는가
밤이 되면 우리가 이름 없는 별이 되겠는가
누구 한사람을 위하여
촛불이 되겠는가
떠나간 죽음과 아쉬운 이별이 되겠는가
우리가 누구의 그리운 노래가 되겠는가
목 놓아 부르는 마음의 단층(斷層)
삶의 하얀 단층(斷層)이 되겠는가
푸른 젊음과 - 푸른 삶을 위하여-
양평역에 가라
보일 듯 말 듯 한 희망의 꽃이 핀다.
해가 뜨면 별이 모여 사는 곳
해가 뜨는 빛이 모여 사는 곳
밤에 별이 모여 사는 곳
저녁달이 와 사는 곳
양평역에 가면 삶에 쫓겨 가는
삶의 붉은 튤립 꽃이 다시 핀다
눈물보다 더 깊은 네 삶의

다스운 숨결이 보였다
양평역에 가면
미륵불, 미륵불. 은진 미륵불이
다가와 내세(來世)불을 켠다

양평역. 지금은 양평 신역사가 서 있으며 무궁화 열차가 정차한다.

아름다운 양평역 코레일 관광열차가 운행되며 용문역, 대부도 갯벌(조개잡이) 체험 열차가 전동열차로 가고 있다.

누가 우리의 희망, 파도, 삶, 사랑, 물새, 죽음, 잔광별, 촛불, 이별, 노래, 프른 젊음, 푸른 삶, 밤, 별, 저녁달을 가져 오겠는가,

눈물보다 더 깊은 네 삶의 따스운 숨결이 양평역에 가면 미륵불로 서 있다.

국수역

중앙선 타고 내 몸을 넘어
국수 먹듯, 국수 먹은 듯 후루룩,
후루룩, 국수역 간다
양평, 아신, 넘어온 길
청량리역 눈앞이다
샛강, 모래톱, 모래밭 새들이
모래를 쪼다. 꽂히는 삶의 화살은
국수역에 멎는다.
신갈나무 가슴에 섰다
국수역 협궤열차 돌아가는
먹는 막국수 낱 같다
까르륵, 까르륵, 넘어가는 까치 빛
까치 울음소리, 물결에 비춰도
까치 빛은 까치 빛. 중앙선 타고
통파 빛, 파뿌리 사랑 찾으러
국수역 간다 국수역, 가을빛이
국수 가락으로 길게 늘어진다
너의 말, 길고 늘어져 여윈
네 혼(魂)이 하염없이 찾아 와
묻는 길, 국수역에서 나는 헤매네
너는 사랑의 길 헤매고 가네

국수역은 경기도 양평군 양서면 국수리에 위치한 역이다.

수도권 전철의 중앙선의 팔당 국수 구간 연장 개통과 함께

무궁화호는 모두 무정차 통과한다.

매봉산 넘어 된고개 지나 청계산 올라 국수역으로 등산가는 사람들 국수역과 청계산은 내 몸을 업어가고 있다.

까르륵 까르륵 넘어가는 청계산 까치빛 까치 울음소리

중앙선 타고 통파빛 파뿌리 사랑 찾으러 국수역 간다.

네 사랑 혼이 하염없이 찾아와 묻는 길,

국수역에 사랑의 길 헤매고 있다.

양수역

가을 햇빛, 한자락 타고 있었다
한 목숨, 어머니 자궁(子宮)
뱃속의 양수(羊水)속에 살고 있었다
양수역은 새 생명의 잉태(孕胎)
잉태역의 푸르름이다
양수역, 사랑덩굴풀 꽃이 폈다
바람꽃, 안개, 바람, 바다,
하늘, 별, 굽은 달까지
놀러왔다. 네 마음으로 흘러가는
새 생명의 푸른 굴다리 역
네 마음 흘러가는 보랏빛 가을 햇살
한 자락이 타고 있었다
한 자락이 타고 있었다

양수역. 수도권전철 중앙선 개통 이후 수도권 전철만 정차 무궁화
일반열차는 무정차.
청계산 농다치고개 연꽃의 나라 두물머리 운길산역 양수역은
가을 햇빛 한 자락 타고 두물머리 푸르름이 사랑 넝쿨풀, 이제는 연꽃 바다를 이룬다.
네 마음 흘러가는 보랏빛 가을 햇살 한 자락이 타고 있는 양수역.
가을 바람꽃 하늘, 별. 철도선 굽은 달까지 네 마음 따라 놀러오는 양수역.
가을 햇빛 한 자락 네 가슴에 타고 있다.

팔당역

푸르다, 푸르다 푸르니 팔당 저수지
사방팔방, 강 언덕 귀 대면
귀 속의 푸른 편지, 갈대 잎
갈대밭 흔들고 온다
사랑은 슬픈 산언저리로 몸 눕힌다
에워서, 에워서 살아온 슬픔
슬픈 내력(來歷)은 강줄기를 따라서
강줄기로 가다가 오다가
두고 온 강의 강빛 노을을
어머니의 고향 길 해가 저무는데
해가 지는데, 참 들깨 참깨 냄새나는
참깨 밭 들머리 팔당역 길섶,
가슴 물빛, 싸리빛 싸리나무 울타리
산 밑 가을빛 산울타리 산 밑 가을빛
산 물, 가을 물, 가을 풀, 설렁, 설렁 설렁
설렁바람 지나가는 가을 팔당역
가랑잎 지는 가을 섧은 섧은 가을 사랑의
가을 들꽃이 팔당역에 서있네
가을 강 팔당역에 앉아 있네

경기도 남양주시 와부읍에 있는 중앙선의 역이다.

하남시와 가까운 편, 남양주 시민들과 하남시 시민들의 수도권 전철로도 이용된다.

팔당 역사 옆에 남양주 역사 박물관이 개관되어있다.

낭만이 함께 사는 곳, 중앙선 폐 철길 따라 걷기 예봉산, 적갑산, 은길산 운길역 조개울, 견우봉, 직녀봉, 철문산 강줄기 산 따라 사방팔방, 강, 언덕 귀대면. 귀 속의 푸른 편지. 팔당저수지 푸른 사방팔방 갈대밭 흔들고 우는 숲들 산언저리 슬렁설렁 지나가는 가을,

팔당역 바람이 가을 강을 적시고 있다.

망우역

삶 꽃 삶 등 마냥 높아도
삶 등 낮아 삶 낮아도
바람으로 다가오는 바람 집 찾아
그믐달 거느리고
별 등 거느리고 흠집 없는 삶
새떼들 무리 나락, 나락, 나락
피는 나락 마음 나락
첩첩 산중, 첩첩 산중
겹겹 마음 겹겹 바다
산중 까까중 산중 까까중
달빛 멀리, 멀리 마음 어린
나락 몸 스미는 나락 몸 스치는
네 잊기로 했다 삶, 흠집 걷기로 했다
망우역 가는 달빛, 별빛
어린 나락, 나 어린 마음 따라
나락 스치는 살결 스치는
삶등 숨기며 달빛 어린 망우역 가다

* 나락:벼의 사투리

망우역은 서울 중랑구 한국철도공사의 중앙선과 망우선이 분기하는 역.

향후 경춘선과 접속될 예정이기도 하다.

선로 위 인공 대지가 조성되고 기찻길 위로 아파트가 들어선다.

삶 꽃 삶 등 마냥 높아도 삶 등 낮아, 삶 낮아도 옛날 첩첩산중

겹겹 마음으로 꽃피는 망우역, 달빛 별빛 삶 등 숨기며 피는 달빛, 산은 까까중, 산중 까까중 나락(벼) 몸 스미는 그리움 따라 망우역.

달빛 어린 삶 등 숨기며 달빛 어린 달빛 가슴 안고 망우역 간다.

장항선

충남선은 장항선과 연결되어 대한민국 충청남도 천안시 천안역 전라북도 익산시 익산역을 연졸 하는 한국철도공사의 철도노선이다. 신례운역, 도고온천역, 온양온천역, 아산역, 천안역을 따라간다. 지금은 천안 선창 구간은 수도권 전철 1호선과 연계된 통근형 전동차가 운행되고 있다. 충남선과 장항선 1931년 천안과 장항 사이를 잇는 철도로 1931년 8월에 개통된 역으로 금강을 건너간 장항선 1922년 6월 천안~온양 온천 간 개통 1931년 천안~장항 간 143.5km 전 구간으로 연장됐다. 온양온천 대천해수욕장 무창포, 만리포, 천리포, 춘장대해수욕장, 서해우해수욕장 수덕사의 여승 등 장항선을 끼고 있는 장항 제련소의 모습도 보인다.

천안역

하늘 편안하게 말아 쥔 속사랑
흑성산 속살 휘늘어진
능수버들 휘들어져
불귀(不歸), 불귀(不歸),
네 사랑 돌아오지 않는
하늘역이다 무심한 사랑
원망하지 않는 하늘역이다
휘늘어진 버들, 버들 촉
눈트는 하늘역이다

천안역 하늘 편안하게 말아 쥔 속사랑,

흑성산 속살 휘늘어진 능수버들 휘늘어져 천안 삼거리 흥, 천안 호두과자 하늘 역,
하늘에서 가장 편안한역.

무심한 사랑도 원망하지 않는 이별도 원망도 작별도

모두 거두어 가는 휘늘어진 버들, 버들 촉 눈트는 하늘 역 천안역이다

아산역

상아뽈빛 노을, 외암 민속마을
눈물 아롱, 아롱 젖다
옷고름 풀어 놓은 청라언덕
맹사성고택, 군자란 피다
외로운 것은 강한 것인가
외로운 것은 눈물뿐인가
신비한 사랑, 신비한 신념을 파묻고
상처와 비극은 비장(悲壯)한 강을
넘어 오가리라.
군자란 피는 상아뽈빛 노을,
빈 하늘, 빈 마음, 무상(無常)을 안고
새로운 사랑, 천길, 만길, 골 깊은
먼 물빛, 먼 불빛 저녁 상아뽈빛 노을,
아산역 외로운 해와 달을 토(吐)해 내는
만상(萬象)을 안고 가듯 잠재우다
만상(萬象)을 안고 가듯 잠재우다

충남아산시 배방읍 장재리,

지금은 수도권 전철 1호선(장항선) 아산역. 상아뿔빛 노을, 눈물 아롱아롱 맹사성 고택 군자란 핀다.

외로운 것은 눈물뿐인가,

만상을 가늘 아물거리는 상아뿔빛 노을 먼 불빛,

불빛, 지금은 수도권 전철 1호선으로 천안 아산역은 서울과 가깝다.

해와 달을 토해 내는 듯 배방역(초서대) 아산역,

서로 다투듯 하는 광역전철망 아산역.

이제 그, 지난했던 간이역의 역사도 만상을 안고 가듯 잠재우고 있는가

온양온천역

마른 꽃잎, 마른 꽃잎,
비쩍 마른 꽃 대궁,
맨발로 싸락눈, 싸락눈,
밟고 간다, 밟고 간다
뼈마디 다 드러낸 초록빛
늦은 봄, 물에 타서 몸을 물에 타서
다순 별과 다순 물과 초록빛
초록빛 바람을 불러 와서
초록 몸이 되고 바람은 어디서 잠자나
지상에 바람이 잠드니
물이, 온천물이 초록이다.
초록 꽃 괴어 피는 물,
영혼의 이승, 영혼의 세상까지
묵은 때, 묵은 영혼 묵은 마음
묵은 죄까지 박, 박, 박, 문지르네.
별, 뜨거운 별이 목욕하러 내려왔다.
온천욕, 시원하게 씻은 뒤
별은 마른 꽃잎 문지르고 입 맞추고
마음 적시는 그리움 비누 거품 속에 숨는다.
밤, 기차는 어디까지 갔는가.
가슴 넘어뜨리고 마음 넘어뜨리고
목숨은 구비, 구비, 봄꽃은 어디로 갔나
봄꽃을 무너뜨리고 하늘빛 맑은 물을
퍼 담아, 네 가슴에 비바람을 내리붓다.
번개와 천둥같이, 번개와 천둥같이,

아산시에 있는 장항선의 철도역.

설화예술제가 열리고 풍물 오일장도 열리는 곳,

몸과 마음을 씻고 권곡오일장이 온양온천역 풍물, 오일장으로 새롭게 피어난다.

온양온천역 앞 별 비 맞는 어린 왕자 옛 향수를 일으키는 역,

초록빛 바람을 불러와서 초록 못이 되고, 바람은 어디서 잠자고

온양온천역으로 몸 씻고 오는가,

영혼의 이승, 영혼의 세상까지 묵은 때, 묵은 영혼, 묵은 마음, 묵은 죄까지 박, 박, 박 문지르기 별 뜨거운 별까지 온양온천역으로 내려온다.

온양온천역 밤기차는 어디까지 갔는가.

목숨을 굽이굽이 봄꽃 따라 아산역 간다.

도고온천역

가시연꽃 몸 씻고, 얼굴 씻고
오랫동안 씻지 못한 죄, 끝자락
산 끝자락, 칭얼대며 살아온 삶,
염주 알 손 굴리며,
염주 알 다 닳도록
들소쁠빛 노을 자취 감췄다.
아, 흰 눈, 백발(白髮),
눈물로 씻었는가,
도고온천역, 서해 어깨위로
물수리는 따라 왔는가.
산수유꽃, 어디가 숨었는가
네 사랑은 가을 하늘 꽃
가을 하늘 푸르름,
물부추, 대청붓꽃 폈다.
싸리나무 줄기 몸 씻고 섰다.
도고온천역, 맑음의 네 마음
네 사랑의 본향, 가시연꽃
몸 씻고 얼굴 씻다.
도고온천역, 왕잠자리 날개,
가벼운 몸짓으로 서 있다.

도고온천역, 수채화 길 벽화가 서 있고 도고온천역 주변 도로풍경을

그대로 살리고 폐 철길로도 이용하여 저녁노을과 수채화 길을 조성한다,

가시연꽃 몸 씻고 얼굴 씻고 오랫동안 씻지 못한 죄, 끝자락, 산 끝자락 칭얼대며 살아온 삶,

아 흰눈, 백발, 눈물로 씻었는가, 폐 침목을 예쁘게 쌓아놓은 정경이 눈물로 씻었는가,

도고온천역, 산수유꽃 어디가 숨어있는가,

네 사랑을 가을 하늘 꽃 가을 하늘 푸르름 도고온천역 수채화 길 벽화가 서 있는 도고온천역이다.

신례원역

도고온천, 파란 잎사귀
몸 푸른 미루나무들, 바람은
이승의 몸 씻는 나무들 곁으로
세월을 씻어내다. 첫새벽
첫 산새, 몸 털며 깃털 세우는
야윈 발짓, 네 마음에 와서
네 마음의 문을 연다
절절한 삶 꽃은 애닯게 피어나
침묵 속, 삶의 꽃씨를 틔운다
신례원역, 예산이 다가오고
맨발로 푸는 네 발끝의 여윈 푸르름,
신례원역, 제일 먼저 네 첫사랑과
목욕하고 싶다. 네 마음, 한 백년 삶이
따라와 첫 순결, 달빛아래 네 마음,
씻는 일이어니와 마음을 닦는다.
신례원역, 도고온천, 아기부처 몸 씻는다.
맨발, 맨손, 맨 살갗이 목욕하거든
네 마음마저 새롭게 씻어라.
미루나무 파란 잎새 다시 몸 씻고
몸 푸른 달빛 아래 아기부처 마음으로
미륵천지, 미래불, 사람사랑,
사람꽃, 몸 씻고 핀다. 신례원역,
첫사랑, 몸 씻고 정갈하게 오다
첫사랑, 순결하게 다가오다

충남 예산 신례역 용곡사, 탈해사, 토성봉, 안락산,

새터 마을 수철저수지가 깃든 신례원역이다.

도고산 신례원역에 추사고택이 자리 잡고 있다.

장항선 열차를 타고 온양을 거쳐 예산 못미처 신례원역에 내려서

몸 푸른 달빛 아래 아기 부처 마음으로 수덕사역을 간다.

미륵천지, 미래불 사람 사랑이 살고 첫사랑 몸 씻고 정갈하게 첫사랑 순결하게 다가오는 신례원역이다.

신례원역, 도고온천 아기 몸 부처 몸 씻는 역이다.

예산역

함박꽃나무 밑둥 허리 시린
늦가을 가랑비,
홀랑 벗은 예산역, 역(驛) 이마가
젖은 하늘, 푸른 광선(光線)
푸르다. 달맞이꽃 피고
산허리, 물푸르게 멍이 든
슬피나무도 눈을 들어
먼 하늘 본다. 두 손 모아 산을
보면 산 주름이 보인다
두 손 내린 산은
무거운 이승의 잔상(殘像)
무거운 기차처럼 서 있는 예산역
네 가슴은 물 푸른 단풍이다
달맞이꽃이다
네 가슴에 예산역은
들소뿔빛 노을로 서 있다

예산역, 내포 평야, 예산 사과, 안면도 천수만의 조기잡이,

조개, 굴, 내포 땅, 예산, 홍성, 서산, 태안, 아산, 당진 곡창지대 젖은 하늘 푸른 광선,

물 푸른 단풍, 성상문, 이순신, 최영, 추사 김정희, 김대건 신부, 윤봉길 의사, 김좌진 장군,

상록수 심훈, 만해 한용운(홍성) 의연한 역사적 인물이 내포평야를 끼고 살아오신 곳.

덕숭산, 해미 가야산 기골 장대한 의사, 충신들이 많이 태거난 곳,

들소뿔빛 노을, 들뿔빛 기개가 노을로 서 있다.

삽교역

삽교에 가면 삽이 서 있다
흙을 다 파고 낮게 걸린 낮달
마을로 낮게 기우는 저녁연기
접시꽃 옷고름 풀고 새하얀 울음
웃음으로 틀다 아픔이 서 있다
토란잎 줄거리 잎 움트는 푸른 생명
촉, 촉, 촉, 몸 젖은 네 목숨
어지러이 떼 까치 떼, 떼, 떼,
때 몸 벗기는 물꼬 트는 저수지
뭣 하러 서 있을까
아슬, 아슬, 아스라한 몸 비낀
눈 먼 돌부처, 저물녘 가을, 가을은
기적소리 설핏, 설핏,
달덩이 몸 당기는 찔레꽃불 향기
산머루 머리 깎인 절개지(切開地)
핏빛 몸 가신 슬픔, 삽교역
목덜미, 마늘 향기 마늘, 마늘,
마늘빛 노을은 삽교역에 서있네
삽교역 어둠이 서있네

삽교역, 무궁화 새마을호가 정차한다.

컨테이너 화물을 취급하는 곳 수덕사역.

덕산온천 사찰 같은 아늑한 장항선 무궁화호.

오가마을 과수원, 오가마을 들판, 내포평야를 지나 잎 움트는 푸른 생명.

눈먼 돌부처 저물녘 달덩이 핏빛 몸 가신 슬픈 삽교역. 수덕사가 있는 삽교역.

뒷마을 일엽 스님의 청춘을 불사르고

당신은 나에게 무엇이 되었삽기에 살아서 이 몸도 죽어서 이 몸까지 도 그 맘 다 받치고 싶어질까요.

삽교역 마늘 빛 노을이 얼굴을 감추고 서 있다.

화양역

네 얼굴은 팔색조로
둥근잎꿩의 비름, 팔색똥 누고 있으니
네 마음 끝 간 곳 없이 뜨겁다.
달빛과 길 없는 세상길들,
푸른 색깔 산굴뚝나비에 걸려 넘어간다.
화양역, 뼈 속으로 스미는 무덥고 긴 길,
울음 반, 눈물 반, 코끝에 스쳐
비인 마음 구절초,
흰목물떼새 소리 뜨거워지는
네 피의 목울음, 네 허공 깊숙이
네 피의 사랑넝쿨, 허무의 풀밭에
겸허히 일어서는 네 기도의
두 손을, 다시 태어나고 있으니
불빛 하나, 물빛 껴안고
바람 흔들며, 네 품에 안기듯
그리움처럼 삭아가는 네 운명처럼
한밤의 화양역, 기차 속에 너는 가벼워지고
기차 속에 나는 가벼워지고
가도 가도 철로를 밟고 가는 길
흑고니처럼, 화양역 달이 지듯
가고 있으니, 언덕 아래
네 눈물 감추고 있으니
네 얼굴 팔색조, 저 달 속으로
날개 펼쳐 가고 있으니
날개 펼쳐 가고 있으니

여객열차가 무정차 통과하는 곳,

화차 공장이 있었고 화물취급도 했었지만 지금은 화물취급도 하지 않는다.

경기도 안산시의 원시역까지 가는 서해선 철도를 건설할 것이라고 한다.

구불구불했던 자신의 허리 천안, 신례원 간성, 간치 장항 곧은 직선이 될 것이다.

삽교역과 홍성역 사이에 끼인 화양역 구불구불한 선로는 흙으로 덮여져 있고

비인 마을 구절초 너는 가벼워지고 흑고니처럼 달이 지는 화양역

내 마음 팔색조로 날고 있으니 저 달 속으로 가리워져 가는 화양역.

홍성역

싸리꽃에 눈물 젖나.
농다리 지네 등빛,
사랑도 미움도 던졌다.
앙가슴 태우며 산자락, 산갈피에
서러움도 접었다.
붉은 사랑 꽃 열정에
속세를 버렸다.
연꽃 푸르다.
버려질 듯 이어질 듯 끊임없이
끊길 듯 굴러 가는 염주 알,
알알이 묻혀 나온 옹골 깊은
네 사랑을, 홍성에 가면,
홍성에 가서 천년의 역사를
천년의 그리움을 물어보라.
공룡 쌓인 발자국.
비비꽃 장령산, 희망은
언제나 붉게 푸르게 뽐내며 불탔다.
싸리밭, 싸리골, 싸리꽃 피는
싸리빛 희망은 붉고 큰 성안에 붐비다.
성안에 피는 가슴 비운 사람들,
빈 마음 풀고 가는 희망을,
눈 멀미, 꽃 멀미, 그리운 네 멀미,
자욱한 네 사랑, 네 마음속의
화두(話頭)를 끌어안고 홍성역 가다.
그립고 간절한 게 무엇이랴,

가슴 불태우며 천년의 그리움,
싸리꽃빛 안고 수염소뿔 노을안고
홍성역 간다, 네 마음의 푸른 성,
껴안고 그리운 홍성역 간다.

홍성역 싸리꽃에 눈물 젖다.

농다리 지네 등 빛 화양역을 무정차로 장항선 기차가 7~8분 만에 홍성역에 닿는다. 천안역에서 50분쯤 전에는 1시간이 넘었는데 몇 개역이 사라지고 속도는 빨라졌다.

1920년대 역사가 생긴 이래 이제 고향 역 홍성역을 찾는 사람은 현대식 역사에 내리게 된다.

구멍가게와 국밥집, 은하수 다방, 양지 식당. 붉은 꽃 사랑꽃 열정에 빈 마음 품고 가는 희망을 눈 멀미, 꽃 멀미 그리운 네 멀미가 싸리꽃 빛으로 빛난다.

광천역

시커멓게 두 팔을 벌리고
서 있는 순결의 흰 꽃들은
네 정령(精靈)의 흰 꽃들이
쌓이는 달과 별, 산과 구름
하염없이 묵묵함을,
네 눈빛에 살고 있음에랴
삶은 차고 흰 것에 긴장한다
기도하는 네 감긴 두 눈을,
만물은 물달팽이 속,
물집에 헤매고 있는 것을
골짜기 숲속에 은자(隱者)
피 마른 사랑, 애 마른 그리움
속속들이 남겨두고 네 영원,
싣고 가는 먼 윤회, 윤회의 발걸음도
묻혔으리라, 마른나무 가지 차고 가는
저 바람도 물떼새 휘젓는 날개 속에
살고 있으리니, 돌아보지 마라
시커멓게 팔을 벌리고 고깔제비꽃,
희고 찬 몸, 몸 흔드는 꽝꽝 나무의 묵언(默言),
강변 따라 가는 들녘 길에 물억새풀,
무엇으로 흔들 수 있을까, 만상(萬象)을
안고 돌아가는 네 정령(精靈)의 물억새꽃,
쌓이는 물빛만 물억새꽃 쌓이는 그리움만
광천역에 쌓이고 있구나

광천역, 광천토굴젓, 산행인파, 아차산 관음사, 꿀꿀이봉 오서산, 아차산. 아차산 지나 오서산 밤나무숲 성연저수지, 마른 가지 차고 가는 물떼새, 광천 토굴젓 먹으러 간다.

물억새풀, 산촌 생태마을 오서산 보령의 모습길 보인다.

골짜기 숲 속에 은자처럼 토굴젓갈, 삶을 차고 흰 것에 우리는 긴장한다. 네 정령의 흰 꽃들이 산 위에 차고 하염없이 묵묵함을 이기고 서 있는 광천역, 바람이 차다.

강변 물억새꽃, 고깔제비꽃 시커멓게 팔을 벌리고 있다.

청소역

비천하게 속내를 풍기는,
앙큼한 목소리여… 아주 먼 곳에서
네 가슴속에 컹, 컹, 울렁거리는 울음이
내장을 씻고 가네
무한허공으로 지는 네 눈물, 눈물, 발 씻고 간다.
강은 눈물과 심장을 뜯어 놓고 흘러가니
지난 옛날에 네 그리운 탐욕을 부려도
이제 네 손짓으로 네 마음 어찌 할 수 없어
허공을 휘젓고 가네.
푸르렀던 옛 시절, 아늑한 희망이여
보라, 어두운 철길위로
갈대와 열차가 황혼의 철길 위를
넘어 가고 있음을, 손대지 마라.
네 그리운 처절한 삶의 상처를,
훠이, 훠이 날아가는 네 삶의 상처를,
청소역에 푸르게 푸르게 맑게 씻고 있으니
청소역에 네가 서 있으니
휘몰아치는 어두운 네 그림자를 밟고
어두운 삶의 네 그림자를 밟고 있으니
청소역에 걸린 네 눈물의 상처.
푸르른 네 눈물 흘리지 마라.
네 눈물의 삶의 상처가 푸르게 자라고 있으니,
청소역에 네 눈물 지난날 그리운 상처,
푸르게 휘몰아치는 그리움을 버리지 마라
푸르른 지난날 휘몰아치는 그리움 버리지 마라.

충남 보령의 청소역,

대천과 광천 사이에 있는 청소역, 상 하행 4회 8번 열차가 정차하는 곳이다.

단선 역 두 열차가 교차할 수 없다.

사람들의 비천한 속내를 말끔히 씻어버리고 아주 먼 곳

내 가슴에 컹컹 울렁거리는 울음이 내장을 씻고 가는 곳,

그리운 상처 휘돌아 치는 푸르른 지난날

그리움 버리지 않고 아름다운 마음 그리움 찾아 청소역 눈물 발 씻고 가는 무한허공 지는 네 눈물 따라가고 있다.

주포역

사랑의 조팝나무꽃 냄새를 맡고
혼자 진한 커피 맛, 황혼의 바다는
타고 있다 타고 있다 끼니를 거르고
사랑을 잃고 끼니를 거르고
그리움 뜯어 먹고 조팝나무꽃 뜯어먹고
가슴에 유서(遺書) 꽃밭 새겼다
바다에 유서(遺書) 꽃밭 다시
다시 새겼다 주포역, 미역빛 바다 그리웠다
노린재 나무 노린재 냄새 그립다
산나물빛 노을, 도라지 꽃밭이다
주포역은 바다를 이고 있다

충남 보령시 주포면 봉당리에 있는 장항선의 주포역이다.

지금은 속도 시대에 등을 떠밀려 간 옛 보령의 중심지 주포역 해안도시 대천을 안고 있는 역이다. 예쁘장한 역사와 바짝 붙은 장항선 복선 공사장 높다란 콘크리트벽, 그 옛날 각종 물산의 중심지였던 곳, 이제 쇠락의 길을 걷고 있는 역이다.

희미한 작은 점 같기도 한 사랑의 조팝나무꽃, 미역빛 바다 대천 주포역은 사랑의 바다를 이고 서있다.

대천역

바라만 보아도 큰 하늘이다
먼발치에 바라보아도
네 마음 지붕처럼 덮고 가는
하늘, 바다 맞닿았다.
하늘가는 기차일까, 장항선,
가슴 가득, 하늘 가득,
상수리 숲, 산빛 가득하다.
파도 한 구비 돌아서면
하늘로 떠나는 길, 하늘길인데
하늘로 떠나라. 수만 갈래 부서지는
사람들의 마음, 망망한 하늘,
망망한 바다, 가슴에 섰다.
까까중 마음머리 아픈,
까까중, 까까머리, 철들면
슬플 것이라, 하늘 보면 슬플 것이라
까치발, 까치발, 발돋음 하는
네 연약한 몸짓은 대천가기에 바쁘다.
파초 잎에 우는 물방울,
달개비에 몸 씻는 이슬,
개망초 잎에 이는 하늘,
파뿌리빛 하늘, 장항선 가는
대천역, 하늘 푸르다.
대천역 파뿌리 삶의 흰 고통이
따라와 큰 하늘에 닿다.

대천역. 1955년 이문구 소설 관촌 수필의 무대.

오석에 글씨가 새겨져 있다.

바라만 보아도 큰 하늘 먼발치에 하늘 바다가 맞닿아 있는 곳,

가슴 가득 하늘 가득 상수리 숲 산빛 붉은 저녁 역,

파도 한 구비 돌아서면 사람들의 마음 망망한 하늘,

망망한 바다를 끼고 있는 대천역과 웅천역이 있다.

달개비에 몸 씻고 있는 대천역 하늘 푸르다.

대천역 파뿌리 삶의 흰 고통이 따라와 큰 하늘가에 닿고 있다.

남포역

구월산, 안악
은율, 가을 알밤 속
알밤, 재령평야
크낙새, 외 두루미
무명옷 펄럭이는 맑은 하늘
상처는 상추 잎 착한 마음 끝에
푸르르고 상처는 착한 마음 끝
치자꽃 지는 해를 먼 지평선,
멸악산맥 등짐 지고 우는
러시아제 늙은 철로 침목
목책선 아픈 침목에
홀로 우는 먼 지평선
남포역, 남포불빛 조으는
먼 밤 산, 밤눈 알밤 까고
밤눈 치닫고 추운 겨울 미나리꽝
꽝 꽝 얼고 눈 부딪치는
연초록 얼음 속 살 박히는
냉동으로 몸 박히는 그리움
남포역, 남포불빛 다스운
살갗 그리운 먼 몸의 재령평야
구월 산 속 조을다.

황포 강변을 끼고 선로가 끝나는 지점에는 남포역이라는 화물역이 서있다.

중국 역명 이름과 같은 남포역.

웅천 방면으로 가는 곳, 아직도 탄가루가 날리고 있는 곳.

지금 탄광은 모두 문이 닫혔지만 대천 시내 바로 남쪽에 위치한 남포, 왼쪽의 옥마선 오른쪽에는 장항선, 황량한 옛 정취가 사라진 곳.

구월산, 안악, 은율, 재령평야, 크낙새, 외두루미 멸안 산댁

등짐지고 우는 러시아제 늙은 철로 침목, 목책선 아픔, 침목 역사는 모두 사라지고 없다.

살갗 그리움 옛 그리움이 치자꽃 등짐 지고 우는 먼 지평선 속에 가물가물하게 사라졌다.

간치역

장항선 따라 장항역 가다
간치역, 간갈치 꼬리 휘날리는
네 눈썹꼬리 길다
네 눈썹 따라 가는 긴 그리움,
네 눈썹꼬리 그리며
초승달 껴안고, 초승달 마음으로
간치역 간다 억새풀 속에 감추인
감빛 하늘, 산 까치 들 까치 휘젓고
억새풀 줄기 물고 빈 집 짓고
날아간 능선(稜線), 포개어지는
벌판 끝을 따라 초승달 부여안고
잠 못 들고, 볏가리 걷듯,
초승달 부여안고 네 마음 걷는다
간치역, 철로 위 볏가리 걷듯
내 삶도 걷고, 첫 기러기 떼
첫 눈물 뿌리며 가는 네 치자꽃 사랑을,
첫사랑 뿌리며 가는 네 옥양목빛 사랑을,

간치역, 푸른 긴 갈치 꼬리 날리듯 간치역

아름다운 동백꽃 길 따라 만날 동백정 폐선을 따라 푸른 길을 달린다.

통통통 간치역의 서해안의 일몰.

서해안의 초승달 껴안고 초승달 마음으로 간치역 간다.

억새풀 속에 감추인 감빛 하늘,

산까치 들까치 휘젓고 억새풀 줄기 물고 빈집, 짓고 잠 못 들고 볏가리 걷듯

초승달 부여안고 네 마음 걷는 간치역이다.

장항역

꾀꼬리 소리, 소리부엉이 넘쳐 울던 장항 역
도깨비 숨차 넘어 가던 옛 길인가
스치는 사랑, 스치는 인연
정말 속세는 속세이런가
바람 속에 숨어서 바람 되어 울던 사람
아픈 상처도 바람을 건드리지 못한다
사랑과 그리움을 장황하게 끌어안지 말고
장항역에 내려 두어라
장항 바람이 데리고 갈 것이다
이 세상사는 것 거들떠보지도 못하고
혼자 길게 드러누운 그림자
해는 배불러 혼자 낮에 떠 있어도 빛나는 것
해가 배불러 빛나고 있어도 해 부름을 모른다
달은 배고파 밤에만 빛나 울고 있는 것
혼자 울고 있는 것을 눈치 채지 못한다
나뭇잎 되씹고 잎 물 빨아도 되씹고 되씹는
삶의 하루는 어제도 오늘도 내일도
배부른 해 아래 그저 숨쉬는 것쯤은
바람 속 거쳐 가며 장항역을 지나면
세상 어지러운 바람이 일어나 소슬바람
소슬, 소슬 내 마음 보낼 길 없어
한 일자 한 획은 수직으로 섰다
한 일자 한 획은 수평선으로 누웠다
가을에 피는 가을 코스모스 이제 철모르고
피고 싶을 때 아무렇게나 핀다

불타듯 불타는 숯불 타듯 핀 불 색깔들은
장항역에서 흩날리는가, 삶의 꽃들이
묻지 마라 그리운 사람들이여

어느덧 밖에는 가을바람이 분다.

가을과 함께 장항 역 길어진 슬픔이 끊기다.

가을과 함께 장항 역 길어진 아픔이 끊기다.

맨드라미꽃 피고 나서면 그리움 같은 소리부엉이, 측백나무 스치는 사랑 스치는 인연, 인적 끊긴 곳. 바람 속에서 숨어서 바람 되어 울던 사람 아픈 상처도 그리움도 장항역에 내려 두면 장항 바람이 데리고 갈 것이다.

혼자 울던 곳, 이제 국립생태원, 국립 해양생물 지원관을 연결하는 관광열차 개발된 곳.

나뭇잎 되씹고 나뭇잎 물 빨아도 자연이 되는 곳. 국립 생태원 가을바람이 분다. 장항역 슬픔과 아픔이 여름 맨드라미 빛으로 붉다.

해는 붉다.

슬픔과 아픔도 장항역에 오면 단심이 장항역에 도깨비 빛처럼 지나간다.

군산역

선창에 기댄 나그네새였던가
해구(海溝)를 싣고 왔구나
달빛, 별빛 안고 왔구나
군산 항구 밤 부두에
남은 사랑, 군산 역, 여운으로 보낸 입맞춤,
군밤, 알밤으로 구수하게 익고 있었구나
함박나무 꽃, 산수 국, 모싯대
우산 풀, 강아지 풀 뒤에 숨어서
너는 낮아지고 너는 숨었다
술항아리 속에 나는 젖는다
호박꽃에 물 든 벌꿀들,
호박 등불 켜고 사는가
기러기 제 발등 쫓듯 숨는 고즈넉한 바다
한 뼘, 한 뼘 기우는 나이
푸른 바다, 기우뚱 군산역에 기댄다
기러기 눈물로 떨군 바다 역,
봉숭아 꽃 물 보다 더 아프고
붉은 소인(消印)없는 삶의 편지,
도둑 떼처럼 날강도처럼
왈칵 왈칵 달려드는 그리움
외로움이 군산 역 발등에 붐비다
그리움이 군산 역 발아래 쌓이다
일천 개 일만(一萬)개의 그리움
닷 섬, 만 섬으로 쏟아지다 쏟아 붓다
가을바다, 가지 빛 물이랑 겹치는

그 옛날 나날이 도망가는 사랑을
껴안고 울던 풋사랑, 풋과일처럼
싱싱했던 푸르른 날, 군산 역
기러기 눈물 모으는 옛 사랑이 타는 군산역에서
그리움을 줍는다 죽도록 그리움을 찾는다

군산역 외곽에 있는 장항선의 철도, 장항과 군산, 채만식의 소설 탁류가 생각나는 곳. 군산역은 지금 내흥동으로 옮긴 지 3년이 되었다. 호남선의 지선인 군산선 1912년 3월6일 호남선, 강경 이리 구간과 동시에 개통된 곳.

애초 군산역은 한국전쟁 때 폭격으로 사라진 비운을 가진 역.

금강 하구둑, 술 항아리 속에 나는 젖고 기러기 제 발등 쫓듯 숨는 고즈넉한 바다.

채만식의 탁류, 금강 철새, 군산 나들녹, 철새 조망대, 월명공원 아래 일본집들 해망로. 해망촌 풍경. 그리움을 줍는다.

옛사랑 기러기 눈물 빛 같은 군산역, 바람개비 벽화.

부두노동자, 군산내항, 은파저수지 죽도록 옛 그리움을 줍는다

옥구역

네 마음 벼락이나 치고 갈 것을,
네 마음 벼락이나 치고 갈 것을,
함박꽃눈 같은 바다
팽이밥, 모여 앉은 물결치는 바다
해구(海溝)로 슬리는 앞바다
나그네풀들, 빈손가락으로 흔들린다
나그네새, 덧없이 날다
옥구역,
오늘 그 푸른 바다가 그립다
벽오동(碧梧桐) 가지 사이로
상현(上弦)달 푸르다
바다귀신(鬼神)되어 어리는
그대, 물빛 차구나
하늘빛, 찬 바다
그 목덜미가 차다

군산 이남 최후의 종착역.

옥구역 현재 열차가 다니지 않으며 200년대 여객 취급 중지 폐역이 되었다.

세월에 묻혀버린 옥구선, 옥구역.

네 마음 벼락이나 치고 갈 것을,

네 마음 벼락이나 치고 갈 것을.

나그네 풀들 빈 손가락으로 흔들린다.

1953년 2월 미군의 필요성에 의해 만들어진, 군산에서 분기하여 옥구역까지 총 11.8km를 달리는 철길.

군산 옥구역 사이 상평역 지금은 플랫폼 흔적만 남았다. 솜사탕 같은 나무 뒤로 상현달 푸르다.

바다 귀신 되어 어리는 그대 물빛 차구나.

하늘빛 찬 바다 그대의 하얀 목덜미가 차다.

임피역

강 건너 산 넘어 오산리역 지나
임피역, 이리역 큰집을 따라
코끝에 찡 하게 묻어서
숲과 나무를 피해 네품을 찾았다
살아서 무엇 하며, 죽어서 무엇 하나
못 견디게 그리워서 격정(激情)을
버리고 왔다 개결(介潔)한 네 눈물 싣고
나는 슬프냐, 눈물 버리고
묻지도 못하고 수탉 꼬리 수수숫
숫수숫, 숫수 꼬리털 날리며 흩날리는
허전한 숲을 지나왔다
옥구빛 바다가 서쪽으로
별들의 눈짓으로 다가왔다
살아 있기에, 살아 있기에
절망(絕望)을 버리고 너는 찾아 왔다
찬연히 솟구치는 삶이었기에
강 건너 산 넘어 잎 떨군 나무로 서 있다
산 넘어 상처 안고 임피역 찾아 왔다
임피역 미륵처럼 서 있다

임피역은 장항선 철도역 역 건물 원형이 잘 보존된 곳.

건축사적 철도사적 가치가 큰 것,

등록문화재로 지정.2008년 1월 1일부터 통근열차가 없어지고 5월1일 여객 취급이 중지된 곳이다,

지금은 기자체험 공간, 간이 테마 공원을 꾸며 관광자원화하기로 한 곳이다.

호남평야 쌀을 일본으로 반출하기 위해 가설한 역이다.

군산선(대야-임피-개정 군산항) 쌀, 화물을 일본으로 슬어내는 교통 요충지 시간창고 군산선 임피역이기도 하다. 강 건너 산 넘어 오산리역 지나 임피역,

이리역 큰집을 떠나 코끝에 찡하게 묻어나오는 미륵처럼 서 있는 임피역,

수수 꼬리털 날리며 흩날리는 개결한 내 눈물 싣고 슬픔 버리고 왔다.

임피역 네 품을 찾아왔다.

익산역

남녘땅 개나리 꽃바람으로 가고 있네
무궁화 열차는 어지러이 전주, 남원,

봄 안개 쉬임 없이 따라와서
만나지 못하는 슬픔, 등 밖으로 돌리고

익산 미륵불,
영둥 할매 손잡고

바다 속살 정 깊어
영원, 사랑, 정갈하게 누웠네

찢어진 가슴은 다시
통곡하며 찢어라

썩은 영혼, 다시 썩게 하고
만나지 못하는 그리움, 그리움 그대로 두어라

초승달 등 굽은 이승도
몸살 앓게 두어라

익산쌍릉 선화여,
죽음의 언덕을 넘어 오라

육자배기 가락은 유자꽃에 피고
마음, 머무는 곳, 미륵 사네

산 깊은 곳, 산이 살고
강 깊은 곳, 강이 사네

목숨 상하지 않게 가슴 치지 마라
탐진강은 탐욕 없이 흐르네

익산, 두루미 큰 눈뜨고 익산, 미륵불 되네
사립문짝 싸리비 싸리꽃 되어 서 있네

남녘 땅 개나리 꽃 바람으로 가고 무궁화 열차, 익산 미륵불, 익산 쌍릉, 선화 육자배기 가락, 유자꽃에 피고 지는 미륵사는 익산역은 전북 익산시에 있는 역이다.

호남선, 전라선, 장항선을 경유하는 모든 열차가 정차하는 곳이다.

2008년부터 장항선의 종점 역이다.

장항선 열차가 이 역에서 시종착하며

장항선 무궁화호 열차는 이 역에서 호남선에 합류하여 서대전역까지 운행한다.

낙산역 유적지구가 유네스코 세계문화 유산.

우선 추진대상으로 선정되었다.

나훈아의 고향역 배경이 익산역으로 노래비가 세워지기도 했다.

전라선_ 익산~여수

전라선은 전라북도 익산시의 익산역과 전라남도 여수시의 여수역을 연결하는 철도공사 철도 노선이다. 2012년 여수세계 박람회 개최에 맞추어 복선 전철화 하는 곳이다. 이제 추억 속으로 사라지는 단선 시대, 여수 만성리 해수욕장 등 여수 덕양 간 해변의 아름다움을 볼 수 있는 역들이었는데, 이제 바다 불빛처럼 사라지는 전라선 간이역들을 따라 전라선을 간다.

삼례역

삼례야, 삼례야,
보름달 동산에 네 놀자
두감쑥차빛 하늘이다
동산에 해 뜨면
네 눈물 보이지 마라
중대가리풀 주먹으로 때리는
눈이 온다. 함박눈이 온다
동산역에 눈이 온다
삼례역, 삼례머리에
눈이 온다 눈싸움, 눈사람,
컴퓨터,E-mail 눈 속에
눈처럼 녹았다
낮도깨비 낮 장가드는
박주가리덩굴집속에
배추 고리 씹는 슬픔만 산다
삼례야, 삼례야,
삼례역에 동산역 동산 달 떴다
전주 지나 동산에 달뜨고
삼례에 달뜨고 해 지고 달뜬다
동이리 철길 따라 동쪽에서
'이리' 오라고 동산역 달이 떠더라
동산역 삼례가 살더라 굴렁쇠 달이
달 속에 있더라 삼례가 달 속에 있더라
삼례역이 동산역 달 속에 있더라

삼례역 전북 완주군 삼례읍 후정리에 위치한 전라선의 철도역.

왕복 26편의 전라선 무궁화 열차 중 24편이 정차하는 곳.

삼례를 '사미내' 혹은 '삼이내'라 하더니 삼래, 삼계로 기록된다.

사미르내 미르내, 용이 사는 하늘의 은하수라는 좋은 뜻

지금 만경강을 사천이라 했는데 세네,

삼래가 한자화 하면서 삼례參禮가 된 것.함박눈 달 속에 삼례 농산역.

달 속에 배추 고리 씹는 슬픔이 모여 보름달 동산에 용이 되는 꿈을 꾸고 삼례.

세 가지 예의, 해지고 달뜨는 삼례역에 와서 어린아이처럼 삼례라-고 불러보는 삼례 터미널 지나 삼례 장터 삼례역 간다.

동산역

길 없는 길, 이승의 길 위에 나침반
동산역에 숨었다 푸른 솔 때때로
그리움 푸르게 하고
그리움 푸르게 파묻고
푸른 기적(汽笛)울음, 동산역에 머문다
중대가리풀 중대가리속에 별똥으로
지는 별들은 동산역에 모인다
돌콩처럼, 돌콩처럼 살았으나
소낙비로 쓰러진 기둥을,
바람은 또한 바람으로 다시 불러와
삶의 저편, 아픔을 문지르고 가지만
동산역에 산속으로 깊이 숨어
나오지 않는 절대 그리움,
절대 외로움, 동산역 그리운
소나무로 푸르게 섰다
하현(下弦)달, 동산역에 걸렸다
푸른 소리 속에 푸른 빛 살고
푸른 빛 속에 푸른 삶 살고
푸른 하현(下弦)달 동산역에 걸렸다

동산역 전라북도 전주시 덕진구 고랑동에 위치한 전라선과 북전주선의 철도역. 전주 공단지역으로 연결된 북전주선의 분기 지점으로, 컨테이너 중심의 화물 수송역 역할을 지금 하고 있다. 전주의 관문이기도 한 역이다.

조촌읍 시가지 전주 월드컵 경기장도 보이는 동산역이다.

소나무처럼 푸르게 서 있는 동산역 푸른 기적울음, 삶의 저편 아픔을 문지르고 가는 절대 외로움, 호남평야, 가로등, 한적한 정취 평야의 푸른 소리만 푸른빛으로 살고 푸른 빛 속에 푸른 삶 살고 가는 동산역.

푸른 하현달 동산역에 걸려 있다.

송천역

소나무 아래 작은 실여울,
실여울 따라 백 년 사랑 짧아도
꿈속의 꿈, 상수리나무
산 빛에 산 염불 하는 사람
마파람 휙, 휙, 불어
문득, 문득 그리워지다가
철길 따라 산골길 가는
산골길 같은 송천역 가다
가을 산빛에 어스름 잠 깨어
불빛 따라 눈빛 깜박 깜박
저무는 역 , 저만큼 반디불빛
어디쯤 얕은 꿈이 후두둑,
후두둑 이는 저녁
달개비에 눈 뜨는 초저녁
발돋음하는 네 삶의
희망나무 한 그루 심고 싶은
작은 소나무를 실개천 옆에 살다.

송천역은 전라선 복선화 공사에 따라 송천역은 이제 폐역 될 예정이라고 한다.

소나무 아래 작은 실여울도 감추어지고 금암광장 농수산물 시장

2008년 12월 1일 정차 열차가 없음을 알리는 안내 말씀 속에

산 빛에 산염불하는 사람처럼 마파람만 휙, 휙 불어대는 그리움만 문득 문득 가을 산 빛에 물들어 가고 저무는 역.

어디쯤 얕은 꿈이 후두둑, 후두둑,

달개비에 눈 뜨는 초저녁 발돋움하는 네 삶의 희망나무처럼 작은 소나무

그리움만 실개천 옆에 깊이 사무치고 작은 소나무 송천역

그리움만 실어 나른다.

전주역

완산(完山), 낮달, 밝은 해, 박인 것 같다
기러기 떼, 기러기 떼 속절없이 날다
욕망, 봄빛에 가려 꽃눈, 꽃눈으로 날았다
마음 얼어 물도 얼었다. 미륵사지 석탑,
가슴에 섰다. 역(驛)의 서시(序詩),
전주역, 가슴봉우리에 몽땅 모은 아픈 꿈을
팔았으나 꿈은 사지 않고 아픔만 남았다
삶의 비빔밥 뭉쳐 넣었다
꿈의 비빔밥 뭉쳐 넣었다
주름살까지 비빔밥에 넣었다
삶의 뻘밭, 뭉개려 찾아온
전주역, 완산(完山), 낮달 밝은 해로 섰다
생살 푸르게 시퍼렇게 살아 시퍼렇게 살아
낮달로 떴다 전주역, 밝은 해 기러기 떼다
기러기 떼로 날다 묵은 꿈 그대로 안고 가다
흰꽃 천지에 날리다 전주역, 가슴봉우리에
네 가슴의 꿈도 얹어 두었다 썰물로 가거라
네 그리움, 완산(完山) 낮달에 걸려 있거라
전주, 완산(完山) 낮달에 걸려 있거라

전주시 덕진구에 있는 전주시의 교통요충지

남원 광한루원, 전주역에서 한옥마을, 전동 성당, 전통과 현대의 고풍스런 조화가 전라선 전주역에 스며 있다.

풍남문 후백제 견훤의 도읍지 이제 거대한 한옥으로 차려 입을 엮이다.

완산 낮달, 밝은 해, 욕망 봄빛, 꽃눈 가슴 봉우리에

삶의 비빔밥 꿈의 비빔밥, 전주역 밝은 해 기러기 떼처럼 꿈, 아픔, 그리움역의 서시가 들리는 곳.

미륵사지 석탑 생살 푸른 그리움이 낮 달로 떴다.

그리움 썰물로 밀려가도 네 꿈을 그대로 남아 전주 한옥처럼 우뚝 서 있다.

신리역

산승(山僧), 길 떠난 빈 절간
아기부처,
달빛 밟은 미륵천지
신리역 가면
첫사랑 묻지 마라
구월산 달빛 멀다
맨살로 부딪혀 살자
한 백 년, 한 오 백 년
얼씨구, 얼씨구, 절씨구
절씨구, 얼씨구 눈물 노래 읊듯
산 염불 떨구고
산 염불 이 산 저산 뿌리고
산승(山僧), 길 떠난 빈 절간
아기부처 미륵과 함께 논다
아기부처 기차 타고 신리역 간다
미륵부처 기차 타고 신리역 간다

죽림 온천의 관리역.

전라북도 완주군 상관면 신리에 위치한 전라선의 역.

익산에서 신리까지 단선이며, 신리에서 순천까지 복선이다.

개량 화의 수혜자 마을과 자연의 일부가 된 전라선 신리역이다.

신리역 담장판이 그림판이 되고 어른과 아이들

고사리 손으로 그림을 그려 놓는 곳. 천진난만, 순수한 동심이 그리워지는 곳.

첫사랑 묻지 마라 맨살로 부딪혀 달빛 밟는

미륵천지 얼씨구, 얼씨구, 절씨구 산염불 떨구고 산염불이고 이 산, 저 산 뿌리고 산승 길 떠난

빈 절간 아기 부처 기차 타고 미륵 부처 기차 타고 신리역 간다. 신리역 가네

관촌역

용머리 올린 역일까
삶을 깨어나게 하라
눈 오는 날에는
관촌 수필 눈발 익어가는
옛사랑 옛말로 지저귀자
황혼, 저무는 옛집을 묻지 마라
관촌역에 오면
옛 사랑의 안부를 묻어두라
옛 사람의 안부를 묻어두라
묻지 마라, 옛사랑을
굳이 눈 오는 새벽 너는 떠나고
스산한 눈바람
살 빠진 참새들이 날아가는
저녁 관촌역에는
삶의 행간(行間)시의 행간(行間)에 저미는
삭발한 머리 푸른 이마의 네가
작설차 두 손으로 받쳐 드는 네가
관촌역 관측사처럼 네가 섰다
금산사 저녁 예불 종소리
저녁 예불 종소리가 모여
용머리 올린 관촌역이 되었을 것이다
삶을 깨어나게 하라
삶을 깨어나게 하라
올 듯 말 듯 그리워지는 너의 사랑
부치지 않는 네 봄 편지가

관촌역에 물잠꽃으로 피어나고
네 사랑 관촌역에 펄럭이고 있다

전북 임실군 관촌면 병암리에 위치한 관촌역 역사 앞,

커다란 주목 하루 무궁화 열차 1 왕복 정차하는 역.

암, 수 두 그루 나무가 나란히 서 있는데

둥그스름하게 생긴 게 암컷이고 빨간 열매가 달려 있다.

오래된 나무 의자, 길다란 통나무 전주역 지나 아중역, 신리역, 죽림 온천역, 관촌역까지 가진 공통점. 슬치재를 넘던 시절 관촌역 승강장 대합실 임실군의 첫 역.

관촌의 신비감 나무장식, 부치지 못한 봄 편지가 관촌역 물잠꽃으로 피어나고 네 사랑 관촌역에 펄럭이고 있다. 관촌 수필, 옛사랑 같은 역이다.

황혼 저무는 옛집은 묻지 마라.

옛사랑은 굳이 저녁 예불 종소리 같은 관촌역.

물잠꽃 사랑이 피어나는 역이다.

서도역

오호, 오호, 가냘픈, 가냘픈
먼 옛날 호롱불, 호롱불 빛만
호롱불 심지 타는 냄새,
아, 이승의 그리운 살 냄새
거두어 간 바람 불빛, 불빛,
목숨, 목숨, 거두어 간 이승의 바람,
옛날 거두어간 간이역 불빛 바람 속
옛날 기차 타고 눈 감고 듣는
이승의 파도소리 눈 감고 듣는
가을 울음 백년 혼불 타는
혼불 타는 호롱불냄새 사람 살 냄새
백년 살 냄새, 이승의 살 냄새
옛날로 돌아가는 푸른 기차를 타고
푸른 기차, 네 몸속으로 들어갔다.
푸른 기차 ,백년 네 혼 불속으로 들어갔다.
백년 혼불 이승의 서도역에 타고있다
서도역에 백년 혼불 타고 있다.

서도역, 전라북도 남원시 사매면 서도리 위치한 전라선의 역이다.

옛 서도역은 최명희 소설<혼불>의 배경지이기도 하다.

옛 역사는 기왓장 건물과 목조로 되어있기도 하다.

전북 남원 서도역과 주변 마을에 혼불 작가 탑이 세워지고 벽화가 그려져 있다.

병풍처럼 두른 2개의 벅, 노적봉과 혼불 사람들. 소설에 나오는 거멍굴 사람들, 서도 역광장의 풍경을 묘사하고 있다. 옛날로 돌아가는 푸른 기차를 타고 푸른 기차 네 몸속으로 들어갔다. 푸른 기차. 백 년. 네 혼불 속으로 들어갔다.

백 년 혼불 이승의 서도역에 타고 있다.

서도역에 백 년 혼불 타고 있다.

남원역

춘향아,
파랑새 노래 부르며
네 가는 네 영혼 소리 푸르다
텅 빈 하늘 남원역,

벗어 놓으면 가벼운 삶
연지빛, 더러는 눈물
핏기 가신 네 얼굴
슬픔도 잠시 네 꿈처럼
쉬어 가고,

연지빛 꽃구름
네 발뒤꿈치 뒤
새의 날개 같이
가벼이 가고 있구나

하늘 목덜미,
가슴 설레며 살아 왔던
이승의 외로움을,

남원역, 살색 보자기를
꿈처럼 풀어 놓자
남원역, 네 삶의 살갗을 부비자
들바람, 남원역을 건듯 불고 가네
초록나이테 숨결을 감추네

남원역, 옥수수빛 노을 이삭처럼 털고 있다
남원역, 댓잎 푸르른 얼굴 다시 푸르다

남원. 광한루원. 성춘향. 춘향아, 파랑새 노래 부르며 너, 가는 네 영혼 스리 푸르다.

텅 빈 하늘 남원역. 광한루원 방문객께서는 서문을 이용하여 주시기 바랍니다. 라는 팻말이 있고 서문으로 가는 길.

왕버들 정철 송강 관찰사, 오작교, 방장산, 광한루 삼신산, 영주산의 정자, 완월정, 벗어놓으면 가벼운 삶. 댓잎 푸르른 얼굴 다시 푸르게 퍼지는 네 가는 영혼의 소리. 푸른 하늘 목덜미 가슴 설레며 살아왔던 이승의 외로움을 초록 나이테 숨결을 갖추며 옥수수빛 노을 이삭처럼 털고 일어서는 남원역이다.

압록역

호남선 왜가리 떼
구례역따라 더욱 순천에 가고 싶어
텅 빈 겨울 하늘, 압록역에서
사람들에게 들키지 않게
혼자 압록역에 내렸다
마음만 잡아끌어 올리면
산 사람들과 죽은 사람들이
평화를 이루는 땅에서
물기둥 쳐 오르는 물길을 잡아
늦가을 저녁 때
늦장가든 장끼처럼
뒷꼬리 올리고 압록역에
호남선 왜가리 떼로 날고
살구꽃 피는 노을,
열과 혼이 하나로 모였다
압록역에 누워 날아가는
까치가 꽃샘바람 속으로 숨었다
꽃샘바람 속으로 압록 가는 기차는
꽃샘바람이 되었다
광목천 검은 보자기 펄럭거리는
슬픔이 압록역에 숨었다
들꽃이 들, 들, 들 들풀로 흔들리고
들꽃 향기 바람에 흔들리고 들, 들, 들, 들,
재봉틀처럼 들향기, 실향기 토했다
압록역, 흐르는 압록강 물 흐르는 소리

압록역, 압록강으로 가는 물소리
네 사랑 들꽃 잎에 띄운다
네 사랑 들꽃 잎으로 압록역에 띄운다

우리나라에서 가장 아름답다고 일컬어지는 강변역, 압륵역.

전라남도 곡성군 오곡면 압록리에 위치한 전라선의 역.

<모래시계> 촬영장소로 일컬어지기도 한 역.

압록역의 모래시계 소나무 시와 소설이 있는 역 풍경.

강도 흐르고 역도 흐른다.

호남선 왜가리 떼 뒤꼬리 올리고 울던 압록역에 호남선 왜가리 데로 날고 살구꽃 피는 노을, 열과 혼이 하나로 모여 앉았다.

까치가 꽃샘바람 속 숨었다. 압록역. 압록강으로 가는 물소리 섬진강 헤픈 물살에 꽃바람, 남도의 실핏줄이 모인 가장 아름다운 강의 역,

압록역이 슬픔 속에 언뜻, 언뜻 보인다.

괴목역

괴목(槐木), 어린 숲 속에서
첫 순정, 자궁(子宮)은 들판이 되었다
네 벌거벗고 죽고 사는 몸뚱이 하나
살아서 역마살로 살아서
삶 속을 방황하던 사람
이승의 산마루를 돌아돌아
괴목역을 돌아 나온다
그대는 산국화로 가을 속에 숨었지만
찾고 싶다, 가고 싶다, 괴목의 네 분신을
살아서 이승의 바람으로 방황하였다가
네 이름 조각으로 잘라서 다시 주나니
이승의 산하를 떠돌고 물소리에 비껴서
괴목역에 내린다. 사랑으로,
고해(告解)하고 쓰러지는 괴목역에서
이동전화기의 말소리가 끊어졌다
끊어져도 노래 소리 멎지 않았다
겨울이 가도 흰 눈은 아직 남았다
포기하지 마라, 네 삶의 질긴 하루를
염소뿔빛 깔린 어둠의 젖은 밤이
괴목역에 깔렸다 숫염소의 뿔처럼
괴목 나무는 괴목 나무로 서있다
괴목역에서 손 시린 사랑과 눈물과
시와 학문과 노래와 천재의 고독을
벗어나야 하리니, 지금 괴목역에서
괴목 나무로 서 있음이 마땅하나니

사랑하는 사람, 괴목 나무로 네 사랑
내 곁에 영원을 새고 가는 순정일지니,
괴목 나무가 괴목역에서 다시 새 생명의
숨결을 단전(丹田) 속에 내어 뿜고 있나니
괴목역에서 저승을 이기고 다시 돌아오는
이승의 도승(道僧)이 괴목 나무로 우두커니 서 있다

괴목역은 순천역과 구례역 사이에 있는 간이역. 남행 결차의 역마살이 삶 속을 방황하던 사람. 한국철도에서 유일하게 '괴'자를 사용하던 역, 경북 포항에 괴동역이라는 화물역도 있다.

2010년 7월 5일 여객열차의 취급이 중지되어 알록달록한 색감, 역사의 붉은 벽돌이 들판과 조화를 이룬다. 송치재 터널 느티나무 아홉 그루. 구나무, 구나무가 홍수가 있을 때마다 많은 인명을 구하였다고 하여 1910년 느티나무 '괴'자와 나무 '목'자를 따서 괴목역이라고 하는 역 명칭 제정 유래가 보인다.

덕양역

계미년, 어린 양, 양떼들,
옹기종기 모여 햇볕을 찾아
해를 쫓아, 덕(德)을 깃 등에 쌓으며
덕양역 가다. 새바람 등으로 세우며
신풍역, 지나 순천, 여수 가는 중간 역에서
어린 양떼들을 만나다.
삶의 멍든 얼룩을 양털 깃 속에 숨겨 두다.
욕심껏 탐욕을 챙기다 버린 야욕은 양털 속,
어린 양털 속에 잠자다. 덕양역, 햇볕 속에
버려지는 흰 구름, 양떼들의 털 깃을 만지며
기린 봉 넘어 가다. 조팝나무 꽃 같은 양털이다.
네 삶의 발자국도 어린 양 따라 가다.
빠쓰까, 빠쓰까, 빠쓰까의 신비여,
피 묻은 어린 양, 속죄양, 덕양역,
침묵 속에 묵상(默想)하다.
피 묻은 어린양, 철쭉꽃 피,
조팝나무 꽃 날리는 덕양역,
서러운 눈물, 흰 꽃으로 날리는
어머니 양 따라 울며 가는 덕양역,
살아 있다는, 삶의 마음이 어린양 속에
실핏줄 같이 여리게 살고 있음을,
그 마음 그대로 간직하여라.
덕양역, 더욱 더 간절하게

전라남도 여수시 소라면 덕양리에 위치한 전라선과 여천선의 역.
여수 국가산업 단지로 가는 여천선과 분기하는 역.
여객 열차는 정차하지 않는 곳.
곡선으로 이어진 선로마저 터널 구간,
이제는 추억으로 신풍역 지나 순천 여수 가는 중간 역.
조팝나무 꽃 날리는 덕양역, 침묵 속에 묵상한다.
서러운 눈물, 흰 꽃으로 날리는 어머니처럼 따스운 삶의 실핏줄
그 마음 그대로 덕양역.
버려지는 흰 구름, 흥국사역 적량역 일곱 개의 기차역을 가진 여수 전철역.
여천 국가산업단지행 여천선이 분기되는 전라선 덕양역.
더욱 간절한 옹기종기 모여 사는 햇볕.
해를 따라 德의 깃발을 세우고 새 바람 만나러 가는 덕양역이다.

여천역

익명(匿名)으로 내리는 비
익명(匿名)으로 내리는 비
속세를 털고
여우비속에 들어가
여우비속에 속고
여우비속에 울고
여천역 지나
여수 가는 길
꽃을 뿌려 놓았나
진홍빛 동백꽃
이승의 끝에서 붉었어도
탄식하며 너는 울었어도
여천역, 하늘같아서
물소리 하늘소리 같아서
바람소리에 겹눈꽃 피었네
바람소리 부드러워
바람소리 부드러워
익명의 사랑으로 하늘가는 길
묵시록(默示錄), 여천역에서
달맞이꽃 흐드러지는가
네 몸의 향기는 날아가고
내 몸의 향기는 달아나고

여천역은 이제 골목 안으로 숨어 버렸다.

여천역 버스 정류장이 보이고 익명으로 내리는 비,

익명으로 내리는 비,

속세를 털고 여우비 속에 들어가 여우비 속에 속고

여우비 속에 울고 여천 지나, 여수 가는 길 꽃을 뿌려 놓았네.

고층 아파트 철길은 언덕을 피하여 곡선으로 놓여 있네.

여천역 2면 4선의 승강장을 갖추고 있네.

신여천 역사 조감도가 보이고 바람소리 부드러워, 바람소리 부드러워 익명의 사랑으로 하늘가는 길, 묵시록,

여천역에서 달맞이꽃 흐드러지는가, 달맞이꽃 흐드러지게 피는가.

내 몸의 향기는 달아나고 여천역 익명으로 내리는 비 속세를 털고 여천역에 눕다.

미평역

미평역은 숲 이었다
바다 숲 이었다
온통 가을 하늘, 하늘 역이었다
알몸으로 잘 생긴 소나무가
자기 알몸을 그대로 세상 사람에게
알몸의 살을 드러냈다
하찮은 삶이 괴롭고,
하찮은 사랑이 시들었거던
여수역 닿기 전 미평역에서
생각을 가볍게 하라
가도 가도 미평은 미평이다
온 몸을 바다로 칭, 칭 줄, 줄 감아 놓아도
바다는 제 몸을 가볍게 할 수 없다
바다는 제 옷을 다시 입을 수 없다
울컥, 울컥 솟아나는 그리움이 미평역에서
들소뿔빛 노을에 숨었다
생나무 타는 가을 냄새가
미평역에 자욱하다. 바람 덮어 오는
저승의 바람이 네 사랑을 이기고 가겠느냐
미평역에서 호박죽 끓는 소릴 듣는다
호박꽃 피는 마을, 울컥, 울컥 알몸으로
넘어가는 미평역 들소뿔 노을이
하찮은 생각, 하찮은 삶을 떠밀며
그리움을 자국, 자국 끊어 두고 너는 떠나네
미평역에 자고 가는 저 바람이
저승을 돌아 이승의 미평역에 당도(當到)했네

만성역 여수 시내에 있는 아름다운 역.

미평역 국도 17호선이 지나가는 곳, 컨테이너 쌓아놓은 적하장 텅 비어 철조망 닫혀 있는 곳, 군북역과 비슷하다.

무궁화호가 정차하는 곳, 건널목 앞 소나무 한 그루,

승강장은 1면 2선 만성역에 열차 교행이 불가능하므로 미평역에서 교행 한다.

산기슭에는 아파트단지 철길 주변 밭과 고물상이 있어 어수선하다.

아마 그 옛날 미평역, 여수역 닿기 전에 생각과 마음을 바다로 모아 들소뿔 노을빛과 바다를 그리워하는 저 바람을 따라 생나무 타는 가슴앓이 같은 노을빛이 미평역에 바람처럼 내려앉는 알몸의 살갗이 생나무 타는 가을 냄새에 걸려 있네.

여수역

살갗 속에 깊이 감추어 두었던
이름을 찾지 마라
가슴속에 깊이 감추어 두었던
눈물을 끄집어 내지마라
아물지 않고 삭지 않았던
네 그리움과 사랑을
엮어내지 마라
바람 누더기 누덕누덕
기운체로 몸으로 살갗으로
부딪쳐 가라
온몸으로 몸살 앓으며
아름다운 이름을 불러보라
사라지는 그리움의 아픔을
그리움으로 삭여라
바람 누더기 누더기
몸짓 그리운 시인을 찾지 마라
점 하나 찍어 놓고 가는
슬픈 유체의 누더기를,
영혼의 노래마저,
영혼의 노래마저
함박눈처럼 가고 없구나
살갗 속에 감춘 너의 이름을
가슴속에 감춘 너의 슬픔을
여수역에
네 아픈 사랑을

보자기 풀 듯 풀어 내리는
슬픈 네 살갗의 몸부림.

전남 여수시 덕충동에 있는 역. 대한민국에 있는 철도역 중 가장 남쪽역이다. 전라선 종착역으로 모든 새마을 무궁화호가 정차한다.

순천~여수 복선 전철 현장 여수역 세계박람회의 축제 준비가 한창이다.

오동도, 자욱한 섬을 끼고 소금기 머금은 여수역, 아물지 않는 눈물, 네 그리움과 사랑의 그리움의 그림자가 염분으로 묻어있다.

영혼의 노래마저, 영혼의 노래마저 내 슬픈 살갗의 몸부림이 바다 내음 속에 묻어 있네.

살갗 속에 감춘 너의 이름을 점 하나 찍어 놓고 가는 슬픈 삶의 노래가 여수역에 누워있다.